「セルフサービス方式」だからなせる技
全扉一斉乗降　短時間乗降で高い表定速度

▲ストラスブール：オム・ド・フェール（鉄の男）広場停留所

▲ハイデルベルグ

▼アンジェ

▲ブダペスト

1

◀パリ T3 号線

▶モンペリエ

◀モンペリエ

「セルフサービス方式」だからなせる技
長〜い車両　ワンマン運転で大きな輸送力

🟥 フランス

▲ストラスブール：長さ45m（以下同）

▲メッツ：24m（BRT 3車体連接ハイブリッドバス）

▲パリT2号線：66m

▲パリT3号線：40m

▲パリT6号線：39m（ゴムタイヤトラム）

スイス

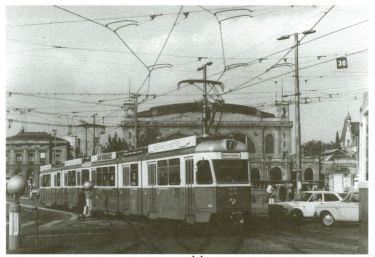
▲チューリヒ：40m（「セルフサービス方式」の路面列車の先駆け、1970年10月撮影）

▲ジュネーブ：42m

▲チューリヒ：36m

▲バーゼル（市）：43m

▲バーゼル（バーゼラント交通）：45m

各国

◀サンディエゴ
（アメリカ）：72m

▶ゴールドコースト
（オーストラリア）：43m

◀ベルゲン
（ノルウェー）：42m

◀ベルリン
　（西ドイツ，現：ドイツ）：40m

▶ブダペスト
　（ハンガリー）：56m

◀ダブリン
　（アイルランド）：41m

運転収受は乗客の「セルフサービス」
運転士は運転に専念

▲運転室は客室と完全分離 (上：ニース、下：マルセイユ)

▲停留所の券売機 (左：ダブリン、右：バーゼル - 消印機を内蔵)

▼乗車券消印機（ICカードリーダ・ライタ）で、乗客自らが消印（改札）する。

▲マルセイユ

▲ブダペスト

▲オスロ

▲ストラスブール（乗り場に設置）

▲シアトル

▼ニース

8

路面電車

—運賃収受が成功のカギとなる!?—

柚原　誠 著

交通ブックス

127

交通研究協会発行
成山堂書店発売

本書の内容の一部あるいは全部を無断で電子化を含む複写複製
（コピー）及び他書への転載は，法律で認められた場合を除いて
著作権者及び出版社の権利の侵害となります。成山堂書店は著
作権者から上記に係る権利の管理について委託を受けています
ので，その場合はあらかじめ成山堂書店（03-3357-5861）に
許諾を求めてください。なお，代行業者等の第三者による電子
データ及び電子書籍化は，いかなる場合も認められません。

ま え が き

　パリ都市圏に 1992 年から 8 つの路面電車路線が開業した。そのひとつ T2 号線には、全長 33m の路面電車を 2 組連結した、全長 66m、扉 12 か所、定員 426 人の、まさに列車のような長〜い路面電車が走っている。

　朝の通勤通学時間帯は 4 分間隔（15 本／時）で運転しており、定員輸送力は 1 時間・片方向約 6,400 人、満載輸送力は 8,900 人にもなる。

　しかも、このように大きな路面電車が、スムーズにワンマン運転されている。果たして、運賃はどのように収受しているのだろうか。

　この T2 号線の長〜い路面電車は、京阪電気鉄道京津線（京都市営地下鉄東西線に乗り入れて浜大津〜京都市役所前〜太秦天神川間を直通運転）の列車（4 両編成、全長 66m、扉 12 か所、定員 366 人）とほとんど同じ大きさで、両者ともワンマン運転だ。

　京津線は軌道法に拠る線区だが路線の大部分は新設軌道（道路上に敷設される併用軌道ではなく、電車専用に敷設した線路で見た目は鉄道線の線路と同じ。車両も鉄道線タイプ）であり、すべての駅は新設軌道区間にあって駅舎があり、運賃収受は駅の自動改札機で行っている。乗入れ先の地下鉄線内では、当然ながら駅の自動改札機で運賃を収受している。

　一方、T2 号線は、路面電車であるから停留所には自動改札機などの運賃収受用の設備は何も無い。わが国のように運転士が運

賃を収受する訳でもない。乗客が自律的にICカード乗車券を、車内に多数設置してあるカードリーダにタッチして運賃を支払う「セルフサービス方式」（下記、図により解説。わが国では「信用乗車方式」と呼ばれることがある。第2章の1.5を参照。）を採用している。

「セルフサービス方式」なので、12か所のすべての扉で同時に乗り降りできとても便利で、停車時間はごく短い。このように大

図①〜③　ワンマン運転の路面電車の乗り方くらべ

図①　わが国のワンマン運転

1954（昭和29）年に名古屋市電で始まった方式が今も採用されている。

乗客は1列になって順番に運転士の監視のもとに運賃を運賃箱に投入する。またはICカードをカードリーダ・ライタにタッチする。一人ずつ順番に運賃を支払うから、運賃収受に時間がかかり表定速度が低くなる。また、小型車両にしか適用出来ず輸送力が小さい。乗車扉と降車扉を区分しているので、車内移動が必要であるから、ベビーカーや車椅子には利用し難い。

まえがき　*iii*

図②　諸外国の「セルフサービス方式」のワンマン運転：消印機を停留所乗り場に設置している都市

「セルフサービス方式」は、1960年代の半ばにスイス：チューリヒで始まった。

乗客は、あらかじめ停留所等に設置してある券売機等で乗車券を購入する。次に乗客自らが乗車券を乗車券消印機（ICカードの場合はカードリーダ・ライタ）で消印（乗車券の改札、つまりチェック）をする。電車が来たら任意の扉から乗車する。運転士は乗車券をチェックしないので、すべての扉で乗り降りができ、乗り降りは短時間で済むから表定速度が高くなる。乗った扉から降りることもできるため、車内移動が不要でラッシュ時もスムーズに乗り降りできる。ベビーカーや車椅子でも利用しやすい。大きな車両にも適用できるから輸送力が大きい。

図③　同上：消印機を車内各ドアに設置している都市

あらかじめ停留所等に設置してある券売機で乗車券を購入する。電車が来たら任意の扉から乗車する。乗車する際か乗車後に乗車券消印機で消印する。乗車券消印機は扉の脇など車内に多数設置してある。

iv

きな路面電車がスムーズにワンマン運転されるのは、「セルフサービス方式」の威力だ。

京津線の併用軌道区間は、現在は浜大津〜上栄町間の 800m 弱しかない。かつてはこの併用軌道区間に「札の辻」という停留所が存在したが 1945 年に休止になり、その後廃止された。

もし、この停留所が現在も存在していたら運賃収受はどのようにするのだろうか。運転士が運賃を収受する方式では、長さ66m の列車には全くお手上げだ。

駅があり、運賃収受を駅員や自動改札機によって地上（駅）で行う地下鉄、都市鉄道線、モノレールや新交通システムでのワンマン運転、いわゆる「都市型ワンマン」の場合は、車掌が乗務しなくても運賃収受に関しては何の影響も無い。

しかし、駅が無い路面電車やバスはもちろん、駅員がおらず自動改札機も無い駅ばかりの鉄道閑散線区の列車に車掌が乗務しない、つまり、ワンマン運転をする場合には、運賃収受をどのようにするかを解決しなければならない。

日本では、1954（昭和 29）年に名古屋市電が「ワンマン運転」を始めるにあたって「運賃収受は運転士が行う」ことにした。この方式が今も続いている。

これは、乗客一人ずつ順に乗務員が運賃を収受するから停車時間が長くなって表定速度が低く、乗車扉と降車扉が指定されるので車内移動というバリアが伴うことから利便性が低い。

この方式では、66m もの長さの電車には対応ができないのは言うまでも無い。

「セルフサービス方式」は、車掌の運賃収受に関する仕事を乗

客が肩代わりする、つまり、乗客のセルフサービス方式によって運賃を収受する方式だ。

「セルフサービス方式」の採用こそが、路面電車を速くて利便性の高い中量輸送システムへ発展させたカギだった。パリのT2号線は「現代の路面電車」の代表例だ。

この革新的な運賃収受方式は、何と半世紀以上も前の1960年代の半ばにスイス：チューリヒで採用され、全長42m、定員330人の長〜い路面電車のワンマン運転が始まったのである。

そして、1970年代の初めには西ヨーロッパ各国に普及し、路面電車の運賃収受のグローバル・スタンダードとして、1980年代以降にはアメリカ、カナダはもちろんアジアの香港、台湾にも普及した。

本書は、速くて便利な中量輸送システムである現代の路面電車（いわゆる「LRT」）の発展過程を振り返り、それを活用するための条件は運賃収受方式の革新、つまり、「セルフサービス方式」の採用が必要不可欠であることを明らかにするものである。

本書により、路面電車・LRTの普及のために運賃収受方式の革新という本質的な議論が、市民、路面電車事業者、そして行政担当者の中で深まれば、執筆した者としてこれに優る喜びはない。

2017年10月

柚原　誠

vii

目　　次

まえがき………………………………………………………………*i*

第1章　Light Rail Transit（LRT）とは何か……………*1*
1.1　その定義　—アメリカ、ヨーロッパでは—…………………*1*
1.2　ストラスブール、サンディエゴ、香港、台湾の例……………*4*
1.3　日本の現況と課題…………………………………………*12*

第2章　ヨーロッパの路面電車戦後史………………………*19*
2.1　運賃収受の改善・革新………………………………………*19*
2.1.1　パッセンジャーフロー方式……………………………*20*
2.1.2　「下車駅までの乗車券を所持して乗車する」習慣………*24*
2.1.3　ノーマンカー……………………………………………*26*
2.1.4　セルフサービス方式……………………………………*28*
2.1.5　「セルフサービス」か「信用乗車」か……………………*36*
2.2　車両、施設、運行の改善……………………………………*39*
2.2.1　車両の大形化……………………………………………*39*
2.2.2　走行空間の確保とネットワークの維持…………………*43*
2.2.3　鉄道線へ乗入れ　—都市近郊地区と都心の直結—………*52*
2.2.4　車両の低床化……………………………………………*60*
①部分低床車………………………………………………*60*
②100%低床車……………………………………………*70*
③低床車のトレンド………………………………………*73*
2.2.5　長大組成で輸送力増大…………………………………*80*
2.2.6　ゴムタイヤトラム、連接バス…………………………*83*
2.3　路面電車で街づくり…………………………………………*90*

第3章　日本の路面電車の実態　—LRTになり切れなかっ
た歴史—……………………………………………*98*
3.1　レトロ…………………………………………………………*98*

viii

3.1.1 「レトロでんしゃ館」の展示電車の運賃収受方式は今も現役 ……………………………………………… 98

3.1.2 サンフランシスコの「レトロ」PCC カーは「セルフサービス方式」 …………………………………… 100

3.2 日本の路面電車戦後史 ……………………………………… 103

3.2.1 PCC カーと「無音電車」 ………………………………… 103

3.2.2 車両の小形化 …………………………………………… 108

3.2.3 ワンマン運転開始 ……………………………………… 110

3.2.4 風靡した「路面電車邪魔者論」 ……………………… 116

3.2.5 大形車両の導入と運賃収受方式の改善　―札幌市電― ………………………………………………………… 119

3.2.6 軽快電車 ………………………………………………… 124

3.2.7 車両の低床化 …………………………………………… 125

①東急玉川線 200 形 ………………………………………… 125

②100% 低床車を輸入 ……………………………………… 126

③部分低床車は不合格 ……………………………………… 131

④国産低床車の黎明期 ……………………………………… 133

⑤国産 100% 低床車の誕生と普及 ……………………… 134

⑥理想は部分低床車 ………………………………………… 136

3.3 日本の路面電車の現況 ……………………………………… 138

3.3.1 東京都電荒川線 ………………………………………… 139

3.3.2 広島電鉄 ………………………………………………… 144

3.3.3 富山ライトレール ……………………………………… 147

3.3.4 福井鉄道 ………………………………………………… 150

3.3.5 4 つの路面電車に見る「不都合」　―乗降扉と運賃収受方式の不統一― ………………………………………… 153

第 4 章　理想の運賃収受方式を探る ………………………… 157

4.1 利便性か完全な運賃収受か ………………………………… 157

4.1.1 ヨーロッパの異端　車掌乗務の路面電車 …………… 157

①イギリス ……………………………………………………… 158

②オランダ：アムステルダム ……………………………… 160

4.1.2 進まない「セルフサービス方式」の採用 …………… 167

①50 年前の「セルフサービス方式」紹介記事 ………… 168

②不埒千万な情報「セルフサービス方式＝タダ乗り可能方式」……………………………………………………………… *172*

③「セルフサービス方式」採用の機会は活かされなかった

…………………………………………………………………… *175*

4.1.3 「東は東、西は西」でよいのか………………………… *181*

4.2 「セルフサービス方式」採用の課題…………………………… *185*

4.2.1 公共交通の大切さの啓蒙……………………………… *185*

4.2.2 高雄市（台湾）の事例………………………………… *188*

4.2.3 不正乗車の抑止………………………………………… *192*

①乗客の相互監視…………………………………………… *192*

②抜き打ち改札……………………………………………… *195*

4.2.4 「セルフサービス方式」を活かす運賃制度……………… *195*

4.2.5 「受益者は誰か？」運賃収入の補填………………… *197*

4.3 「セルフサービス方式」は現代の路面電車の「核心」……… *197*

あとがき……………………………………………………………… *201*

参考文献……………………………………………………………… *205*

索　　引……………………………………………………………… *208*

> 本書に掲載している写真は、すべて
> 著者 柚原　誠の撮影によるものです。

第1章　Light Rail Transit（LRT）とは何か

1.1　その定義　―アメリカ、ヨーロッパでは―

「Light Rail Transit」（ライトレールトランジット、略してLRT）と言う呼称は、アメリカで生まれた。スイスや西ドイツなどヨーロッパ諸国での路面電車の活躍に触発されたアメリカが、1970年代の初めに新しい路面電車システムを開発するにあたって、連邦政府運輸省都市交通局（U.S. Urban Mass Transit Association＝UMTA）が、streetcarやtrollyと呼ばれてきた旧来の路面電車システムとの違いを強調するために、「新しい路面電車システム」を「Light Rail Transit」と名付けたのである。

アメリカでは、従来から路面電車を2つのタイプに分け、市街地だけに併用軌道の路線網を持つものはstreetcarやtrolly、市街地の併用軌道だけではなく専用軌道で郊外地区へも軌道を延ばして高速運転するものはinter urban（都市間電気鉄道）と呼んで区分してきた。inter urbanは、わが国の郊外電車のイメージに近い。

LRTは、このinter urbanを近代化したものと定義される。アメリカでLRTという呼び名が生まれる前から路面電車を活用してきた西ドイツなどヨーロッパ諸国の路面電車は、都市圏の拡大にあわせて、従前からの市街地路線網に加えて郊外地区への専用軌道で路線を延伸してきた。したがってLRTのイメージはヨーロッパの近代化された路面電車にも重なる。

アメリカ英語にもともとあった light rail は、「an electric railroad system that uses light trains and usually carries only passengers, not goods」であり、高速・大量で貨物輸送も行う本格的な鉄道（言うなれば、heavy rail）の対語であり、やや簡易な鉄道というイメージだ。LRT は従来の inter urban を近代化したものであるから、light rail よりも都会的なイメージがある。

イギリス英語では、路面電車はあくまでも tramway であり、ほかに light railway という語もあって規格の低い鉄道、ナローゲージの鉄道などを意味する。これは日本語の「軽便鉄道」に近い。

1937 年創設のイギリスの Light Railway Transport League（現在は Light Rail Transit Association、略して LRTA）が発行する会誌（月刊）は路面電車とローカル電車に関する世界的に権威ある専門誌で、世界の路面電車の近代化についての情報を発信し続けてきた。その誌名は長らく『Modern Tramway and LIGHT RAILWAY REVIEW』だった。

日本と同様にイギリスも戦後は路面電車の廃止を進めてきたから残存する路面電車は light railway の範疇であり、この LRTA の会誌はスイスや西ドイツなどのヨーロッパ大陸諸国の「Modern Tramway」（現代の路面電車）を羨望のまなざしで紹介してきた。

1970 年から誌名は『MODERN Tramway and Light Rapid Transit』に変わり、さらに 1980 年から『MODERN Tramway and Light Rail Transit』に変更された。ちなみに現在は『THE INTERNATIONAL LIGHT RAIL MAGAZINE TRAMWAYS & URBAN

TRANSIT』である。団体名と会誌名から「Light Railway」が消えて、アメリカでの新しい路面電車の呼び名「Light Rail Transit」に変えている。つまり、LRTA は、誌名にみる通りに「Tramways & Urban Transit が Light Rail である」と定義している。

したがって、LRTA は、やや小型の都市鉄道や郊外鉄道も LRT に含めている。例えばロンドンの都市鉄道 Dockland Light Railway（DLR。高架線が主体で一部地下線、7 路線 34km、輸送人員約 21 万人／日。車体幅 2.65m、列車全長 60m（定員 432 人）〜同 90m（同 648 人））などだ。DLR は、まさに Urban Transit だ。

DLR などを含めることには異論もあるようだが、「セルフサービス方式」の採用で路面電車の実力が格段に向上し、パリの T2 号線のように Urban Transit との区分が明確にはできなくなってきている。そして、LRTA の会誌は永年にわたって『Modern Tramway 誌』と呼ばれてきたが、今では「Modern」が消えて『Tramways』になってしまった。

つまり、「Tramway」は「セルフサービス方式」の採用で進歩発展して、「Modern Tramway」が当たり前になってしまったということの表れであろう。

路面電車を近代化したものを LRT と呼んでも、それは、今の時代の路面電車のことであって、別の乗り物に変化した訳ではない。

LRT、ライトレールと呼ばれる都市交通システムは、要するに「現代の路面電車」である。

1.2 ストラスブール、サンディエゴ、香港、台湾の例

フランスでは、今次大戦後の自動車優先の交通政策によって路面電車は次々に撤去されて、1966年にはわずか3都市に生き残っただけであったが、1982年から交通政策が転換され1985年のナントを皮切りに、多くの都市で路面電車の復活と新設が相次いでいる。

その一つであるストラスブールは、路面電車の導入にあわせて街づくり（都市改造）を行ったことで有名だ。

しかし、ストラスブールの路面電車復活は一筋縄では行かなかった。

ストラスブールには1960年まで路面電車が走っていた。1960年と言えば、フランスの国鉄線にはステンレス鋼製の客車を連ねた特急列車が登場した時期だ。その列車の先頭に立つ新鋭電気機関車CC7100形は1954年に時速243km／時の世界記録を樹立し、翌年には334km／時と自己の記録を更新している。

近代化が進む鉄道線とは反対に、役目を終えたと判断されていた路面電車の近代化は停止していた。

ストラスブールの路面電車の廃線直前の主力車両は、戦中に製作された角ばったスタイルの長さ11m、定員58人の2軸車で、同系のトレーラーを1〜2両牽引していた。当時のスイスや西ドイツはもちろん、わが国の路面電車に比べても圧倒的に古典的な車両である。

ストラスブールが路面電車復活の計画骨子を発表したのは、1981年で旧式な路面電車が廃止されてから20年も経っていない

時期である。しかも、アメリカのように「昔の路面電車ではなくて、LRTを導入するのだ」という、"言葉の遊び、誤魔化し"は使っていない。

フランス国内では、まず1985年にナントで、1987年にグルノーブルで近代的な路面電車が復活するが、国内には近代的な路面電車が存在しない時代に行われた市当局の提案に、市民はどのような感想を持ったのであろうか。

案の定、路面電車復活に異論が唱えられて新交通システムVAL（「ゆりかもめ」や「日暮里・舎人ライナー」のようなゴムタイヤ式、無人運転の乗り物）を導入する案が1985年に浮上した。議論の末に1988年に、再度、路面電車導入に決着した。

ところが、またしても1989年の市長選挙で「路面電車か、新交通システムか」が争点となったが、路面電車導入派の候補が市長に当選し、ようやく路面電車に決定した。路面電車か新交通シ

図1-1　ストラスブールの初代「ユーロトラム」
路面電車の概念を変えた魅力あるデザイン。

ステムかの議論の決着に4年を要している。

しかし、このような「路面電車か、新交通システムか」という議論は日本ではあり得ない。

それは、日本の路面電車は、運賃収受方式の制約によって新交通システムに比べて輸送力がはるかに小さく、また、乗降に時間がかかり表定速度が低く、両者の輸送システムとしての実力に圧倒的な差があるからである。

例えば、東京都電荒川線は、定員62人／両、ラッシュ時15本／時の運転で、定員輸送力は1時間・片方向約900人である。

一方、新交通システム「日暮里・舎人ライナー」は、小形車だが5両編成で列車全長は45m、定員は262人／編成、ラッシュ時は1時間あたり17本を運転しており、定員輸送力は1時間・片方向4,500人だ。駅の改札機で運賃収受を済ませるので、乗り降りはすべての扉で一斉に行うことができて乗降時間が短く表定速度が高い。

ストラスブールは当然ながら、路面電車には「セルフサービス方式」の採用を前提にしていたので、「新交通システムと比較して輸送力は同等、加えて地平を走るゆえの利便性が高い」と市民に説明することができたのだ。

実際に、開業時の車両は、全長33.1m、定員210人で、ラッシュ時は4分間隔（15本／時）で運転し、1時間・片方向3,150人の定員輸送力が発揮できた。

その後の増備車の最新型は、長さ45m定員300人と大きくなって輸送力はさらに増えた。

路面電車導入キャンペーン用にストラスブールが作成した有名

第 1 章　Light Rail Transit（LRT）とは何か　　7

図 1-2　ストラスブール「ユーロトラム」の 2 代目
初代「ユーロトラム」のデザインを引き継いだ。

なポスターがある。

　3 枚の写真が掲げてあり、左の写真は道幅いっぱいに 1 列に 25 台ずつ 6 列で 150 台ほどの乗用車が道路を埋め尽くしている様子に「咳き込む」と書き、大気汚染を訴えている。真ん中の写真は、同じ道路に 3 台のバスだけが並んで、「呼吸する」と書いてあり、右の写真は屋根を取っ払って車内の様子が良く見えるようにした導入予定サイズの路面電車に満載状態の 290 人ほどの乗客が乗っている状況を示して、「深呼吸できる」と書き添えてある。導入しようとする路面電車 1 両（編成）の輸送力は、バス 3 台相当、乗用車なら 150 台にもなり、空気を汚さない路面電車なら深呼吸ができるが、バスなら呼吸はできる、しかし、自動車がこれだけ走ると咳き込む、と訴えている。

　実に理解しやすいキャンペーンポスターだが、日本でこのポスターを貼り出せば、「日本では、こんなに大きい路面電車を走らせることができますか？」「この路面電車では、どうやって運賃を払うのですか？」という質問が出るに違いない。「いやいや、

セルフサービス方式でワンマン運転していますよ」と、いちいち説明しなければならないのは悲しい。

また、パリ都市圏に復活した路面電車路線の一つT2号線は、前述のように長さ66m、定員426人の路面列車が朝ラッシュ時には4分間隔（15本／時）で運転しており、輸送力は1時間・片方向6,400人にもなる。

ヨーロッパの諸都市で現実に走っている路面電車の大きな輸送力とすべての扉で乗り降りできる利便性は、新交通システムと同じだ。しかも、路面電車は地平を走るので、高架線か地下線に限定される新交通システムより停留所へのアクセスが圧倒的に容易で利便性が高い。

ヨーロッパの諸都市に普通に走っている路面電車、すなわち「現代の路面電車」がLRTなのである。

この「現代の路面電車」の中身は第2章で述べるが、必要不可

図1-3　パリのT2号線車両
5車体連接車を常時2組連結して運行し、全長は66mに達する。

欠なのは運賃収受の革新、「セルフサービス方式」の採用である。

1949年に路面電車を全廃したアメリカのサンディエゴは、1981年に路面電車を復活した。この時、西ドイツ製の車両を導入したが、車両だけではなくヨーロッパでは標準になっていた「セルフサービス方式」も併せて導入した。この結果、全長80mにも達する路面列車を「セルフサービス方式」でワンマン運転している。

サンディエゴの路面電車復活計画に対して、市民からは「路面電車は旧式な乗り物。なぜ復活するのか？」と酷評されたが、近代的な車両とともに「セルフサービス方式」を採用して「速くて便利」にした結果、利用者は順調に増加し路線も順次延長され、路線長82km、3系統を擁するようになった。アメリカの復活路面電車の中の優等生である。

最初に開業した都心からメキシコ国境の町サン・イシドロまで

図1-4　サンディエゴ市電
連接車を3組連結し、全長は80mもある。

10

のブルーラインは、市街地を抜けると廃線になった鉄道線を利用しており、路線は近代化した inter urban そのものであり、アメリカが定義した Light Rail Transit のまさに典型である。

street-car や trolley は旧式な路面電車を想起させるとして「Light Rail Transit」という呼び方をつくったのはアメリカだった。

ところが、サンディエゴは「Light Rail Transit」という呼び名を使わなかった。

この路面電車は、「Sun Diego Trolley」と呼ばれ、運営主体は「Sun Diego Trolley Inc.」で、路面電車の呼び名にも会社名にも昔ながらの trolley を使っている。

1994 年に復活したイギリス：シェフィールドの路面電車は「Super tram」と名付けられた。わが国でも 1978（昭和 53）年に開発が始まった新構想路面電車を、旧来の路面電車とは違う新時代の路面電車であることを強調するために「軽快電車」と呼んだ。今は、「次世代型路面電車」と呼ぶが、それ以前には「新市電」や「スーパー市電」など様々な呼び方が生まれては消えた。

しかし、サンディエゴの成功は、trolley を「Light Rail Transit」や「Super tram」と言い換えなくても、路面電車を「軽快電車」や「次世代型路面電車」と言い換えなくても、「速くて便利」ならば市民は受け容れ、利用者は増えて行くことを教えている。

1988 年に香港の九龍半島新界地区に、アジアでは最初に「セルフサービス方式」を採用した近代的な路面電車が開業し、ずばり「（香港）LRT」と呼ばれ、漢字では「（香港）軽便鉄路」と書

かれている。併用軌道区間は極めて少なく大部分が専用軌道であり、イギリス文化の香港のことであるから、イギリス英語のlight railway を直訳して「軽便鉄路」としたのであろう。

しかし、長さ 20m の大形車両が 2 両連結で走っており、「Urban Transit」でもあり、アメリカの定義の LRT に相応しい。

また、2017 年開業の台湾で初めての近代的な路面電車である高雄市の「高雄捷運環状軽軌」は、「高雄 LRT」と呼ばれ、「Light Rail」が「軽軌」と訳されている。当然ながら「セルフサービス方式」を採用している。(第 4 章の 2.2 参照)

香港 LRT と高雄 LRT は、自国語では「軽便鉄路」や「軽軌」と、気負わずに旧来の馴染みある表現をしているところがサンディエゴと同様に好ましく安定感がある。

西ドイツでは 1960 年代に多くの都市で、中心市街地の道路混雑区間の軌道敷の舗装省略や地下移設(路下電車化)や高架化を進めて自動車交通との分離と軌道構造の高規格化を推し進め(第 2 章の 2.2 参照)、そうした区間を有する路面電車を路面電車と地下鉄のハイブリッドシステムと位置付けて「Stadtbahn(都市鉄道)」と呼び、これは、Light Rail と英訳される。本格的な地下鉄と路面電車のハイブリッドな都市鉄道、要は、Urban Transit である。

路下化区間の長い系統の系統番号には U4 など U を冠しており、停留所の案内標識にも路下区間か地上区間を問わず本格的地下鉄(U-Bahn)と同じ U を用いているが、U に小さな文字で STADT BAHN と書き添えてあり、本格的地下鉄と区分してい

12

る。

Stadt bahn は、都心部等の一部区間の軌道を地下に移設した高速路面電車（Schnel-Strassenbahn）と説明される。ドイツでは Stadt bahn は、あくまでも路面電車（Strassenbahn）である。

1.3 日本の現況と課題

世界で最初の路面電車は、1881 年にドイツのベルリンで走り出した。日本でもさほど遅れることなく 1895（明治 28）年に京都、1898（明治 31）年に名古屋に、東京には 1903（明治 36）年に開業した。

路面電車は軌道法に拠って建設され運行される。軌道法の第 2 条は「軌道ハ特別ノ事由アル場合ヲ除クノ外之ヲ道路ニ敷設スヘシ」としており、原則として、軌道は道路上に敷設される。軌道建設規程の第 3 条は「道路上ソノ他公衆ノ通行スル場所ニ敷設スル軌道ヲ併用軌道ト謂イ……」、第 8 条で「併用軌道ハ道路ノ中央ニ之ヲ敷設シ……」と規定している。

つまり、路面電車は、公衆の通行する道路の中央に敷設された軌道を走るから、乗り場も道路上にあって、鉄道線のような駅舎はなく、したがって、出札窓口や改札口、跨線橋、集札口もなく、道路から直接ヒョイと手軽に乗ることができる便利な乗り物となる。

しかし、利用者には手軽で便利な反面、運賃収受（出札、改札、集札）を乗務員（車掌、運転士）が担う必要があった。

小学唱歌『電車ごっこ』（1932（昭和 7）年）の歌詞「運転手はきみだ　車掌はぼくだ　あとの四人は電車のお客　お乗りは

お早く　うごきます（チンチン）[注]」の通り、路面電車には車掌の乗務が必要だった。乗車券の販売は停留所間を走行中に車掌が車内を巡回して行い、降車時の集札と定期券のチェックは前扉では運転士が、後ろの扉では車掌が行った。扉が片側に3つある大き目の車両には真ん中の扉にも車掌が乗務し、すべての扉で乗り降りができた。

しかし、戦後は運転士と車掌1人の2人乗務が増えて、さらに、路面電車事業の合理化策として、車掌の乗務を省略したワンマン運転が1954（昭和29）年に名古屋市電で始まった。この時に採用された運賃収受方式が、わが国の標準となって全国に広まって、21世紀の今でもこの方式が続いているのである。

日本では、路面電車は古くさいものと捉えて「チンチン電車」と呼ぶことがある。これは、小学唱歌『電車ごっこ』が作られた昭和7年当時の路面電車のイメージから、あるいは、軌道法が1921（大正10）年にできた法律で、幾度も改正はされているが今でもカタカナ書きであることが影響しているのかも知れない。

日本の路面電車が「チンチン電車」と呼ばれるのは、表定速度、輸送力、利便性のいずれもが、かつての「チンチン電車」並みに低く、言わば、旧世代型路面電車であり現代の都市交通システムに相応しくないという実態からである。

その元凶は、旧態依然とした運賃収受方式にある。

(注)「チンチン」は車掌が運転手に対して行う「出発よし」の合図である引き紐式の打鐘の音、および、運転士が出発する時に鳴らすフートゴング（足踏み式の打鐘（警報用））の音。

14

近年、日本でも路面電車は見直され、国を始めとする支援策が充実してきた。1997 年に日本で初めての低床車が熊本市電に就役したのを皮切りに、今では全国 15 都市に低床車が活躍している。停留所の改良や電車接近案内などの案内標示の整備なども多くの都市で実施された。駅前停留所の駅前広場への引き込み、さらには駅ビル内への引き込み、新規路線の開業や路面電車の近代化にあわせた街路の整備や街づくりも行われるようになった。

2006 年には、富山ライトレールが開業、2009 年に富山市都心部に環状線（正式な路線名は富山都心線。愛称は「セントラム」）が開通、2015 年には札幌市電で路線のループ（環状）化が完成した。

低床車の座席に座って低い目線から美しく整備された街並みを見ていると、まるでヨーロッパの都市に居るかのように錯覚する。

しかし、残念ながら、日本の路面電車の表定速度、輸送力、利便性のいずれもが、ヨーロッパの路面電車の水準にはほど遠い。

今、路面電車の新規導入や復活を計画あるいは構想している自治体は全国にたくさんある。このうち宇都宮市の計画は、路線長 15km に及ぶ路面電車路線を新規に建設するもので、すでに、運行会社が 2015（平成 27）年 11 月に設立され、2016（平成 28）年 9 月 26 日に国土交通大臣から事業が認可された。

この宇都宮市など自治体等の路面電車計画や構想の説明には、例外なく「LRT 次世代型路面電車を導入する」と書いてある。

国土交通省のホームページなどでも、「LRT＝次世代の軌道系交通システム」と解説されている。「次世代型」という語に「旧

来の路面電車システムとは違って、技術や機能が格段に進歩した路面電車システム」という意味が込められていると思われる。あえて「次世代型」と強調する背景には、わが国の現状の路面電車が「旧世代型路面電車」であるという現実があるからであろう。

いったい、「次世代型路面電車」とはどのようなものであろうか。

わが国で言う「次世代型の路面電車」は、「ヨーロッパの諸都市に普通に走っている路面電車」、つまり、「現代の路面電車」のことである。自動車に例えれば、実用の段階にはあるが普及にはまだまだ時間がかかる「燃料電池自動車」ではなく、普及が進んだ「ハイブリッド自動車」や「電気自動車」のことである。

「次世代型路面電車の導入」は、「ヨーロッパの諸都市に普通に走っている路面電車を導入」することなのだが、「セルフサービス方式」の運賃収受をセットで導入しなければ、「普通に走っている路面電車」の機能（すべての扉での乗り降り、高い表定速度、大きな輸送力）は発揮できない。

国土交通省のホームページは、「LRT とは、Light Rail Transit の略で、低床式車両（LRV＝Light Rail Vehicle）の活用や電停の改良による乗降の容易性、定時性、速達性、快適性などの面で優れた特徴を有する次世代の軌道系交通システムのことです。近年、道路交通を補完し、人と環境にやさしい公共交通として再評価されています」と、LRT は次世代の交通システムであると説明し、フランスのストラスブールとドイツのフライブルグの路面電車の写真が添えられている。

また、公益社団法人 日本交通計画協会が作成した冊子『これからのまちをつくる　ライトレールトランジット』(2015 年 7 月発行) の「LRT の特徴」の説明中の「柔軟な輸送力」の項には「いろいろな要望に応じて、フレキシブルに列車の編成ができます」として、車両の長さと輸送力 (定員) については、「100〜120 人 (20m 程度)、150〜180 人 (30m 程度)、200〜240 人 (40m 程度)」と述べている。

さらに「使いやすさ」の項には「待たずに乗れる高頻度運転の実施」、そして、「定時性・速達性」の項では、「交差点信号待ち時間の短縮。優先信号の導入」、「乗降時間の短縮」では、「信用乗車方式の導入」と解説している。

これらの解説をまとめると、LRT は、低床式車両の活用、電停の改良、運賃収受方式の改善などによって、乗降の容易性、定時性、速達性、快適性などの面で優れた特徴を有する都市交通システムで、定員 100〜120 人 (車両長さ 20m 程度) から 200〜240 人 (40m 程度) までフレキシブルに列車の編成ができる路面電車、ということになる。

つまり、LRT は、低床車の導入や停留所の改良だけではなく、どの扉でも乗り降りができる利便性の高さ、表定速度の高さ、輸送力の大きさが要件であることが分かる。

公道を走るバスとは異なり路面電車は線路、架線、変電設備、信号設備、車両保守設備など専用の設備が必要であり、定員 1 人あたりの車両価格も高く、これら設備と車両の保守費用も嵩む。したがって、路面電車の輸送力がバス並みでは 1 人 km (いちにんキロメーター) あたりの輸送コストはバスよりはるかに高くな

るから、路面電車を走らせる意味がない。路面電車は大量輸送にこそ適している。

また、都市環境維持のために、中心市街地の周辺の停留所で自動車、バスから路面電車へ乗り継ぐパーク・アンド・ライドやバス・アンド・ライドによって自動車、バスの中心市街地への乗入れを抑制するには、路面電車には大きな輸送力が必要である。

日本では、LRTの輸送特性について、「バスと新交通システムの中間に位置し、輸送力は0.3〜2.0万人／時」とされている。（図1-5「輸送特性から見たLRTの適用範囲」『鉄道車両と技術No.75』2002年4月号より）

この0.3〜2.0万人／時という輸送力は、現状の日本の路面電車にとっては実現が困難だ。この適用範囲の最小である0.3万人／時の輸送力を発揮するには、200人乗車の路面電車を4分ヘッドで運転する必要があり、わが国の運賃収受方式ではこの輸送力は実現が不可能なのである。

「LRT次世代型路面電車」などと呼び方を工夫しても、現実に利便性が低ければ利用者はソッポを向くだろう。

「現代の路面電車」は、

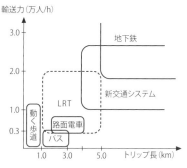

図1-5　輸送特性からみたLRTの適用範囲

18

騒音防止の観点から警笛は鳴らさずチンチンという昔ながらのゴングの音を鳴らす。だから、路面電車活用や新設の PR 用のキャッチフレーズは「チンチン電車で行こう」でも良い。速くて利便性が高ければ、サンディエゴの「trolley」や香港の「軽便鉄路」の例に見るように、利用者は自然に増えてくる。

公共交通はマイカーに優る速さと利便性を備えることが必要だ。それには「セルフサービス方式」の採用がカギになる。

第2章 ヨーロッパの路面電車戦後史

2.1 運賃収受の改善・革新

　駅で運賃を収受する鉄道は、列車の連結両数を2両から4両に増やして輸送力を増強しても必要な乗務員は運転士と車掌の2人のままで済み、車掌の乗務を省略してワンマン運転に変更しても乗客にとっては何の影響も無い。

　しかし、車上で乗務員が運賃を収受する必要がある路面電車の場合は、1両なら運転士と車掌の2人だが、トレーラーを1両連結すると2両目にも車掌が必要になり、輸送力の増強はイコール乗務員の増加となる。

　ワンマン運転に変更するには運賃収受をどうするかが大きな問題であり、運転士が運賃を収受する方式ではわが国の現状のように小型車両しか使えない。

　ヨーロッパ諸国では、大戦後の復興が終わり、経済活動が活発になるとともに乗客が増えて輸送力の増強に迫られ、また、賃金の上昇によって都市交通事業の収支が悪化したため、乗務員の生産性向上が必要になった。さらには、普及が始まった自動車に公共交通が対抗するためには、表定速度と利便性の向上が必要だった。

　戦後、ヨーロッパの国々は、路面電車の表定速度・利便性・輸送力・乗務員の生産性の向上に一貫して取り組んできた。

　「ワンマン運転の中量輸送システム＝LRT」はこれらの取り組

20

みの結果として誕生したが、必要不可欠だったのは運賃収受の革新であり、この取り組みは戦後間もなくの1950年頃には始まった。

2.1.1　パッセンジャーフロー方式

スイスでは大戦中に、ドイツでは大戦終了後に車両の大形化（1両の定員約100人）と連結運転によって、輸送力と乗務員の生産性（乗務員と定員の比は1両の場合2：100＝1：50、2両連結の場合3：200＝1：70）は向上したが、1両の定員が100人にもなると車掌による発券と集札、すなわち運賃収受に時間がかかって表定速度が低下した。

そこで、乗務員の数、つまり、2両連結の場合なら運転士と各車に車掌1人の計3人乗務はそのままで運賃の収受時間を短縮する方策として、「パッセンジャーフロー方式」と呼ばれる方式が案出され、デンマーク、西ドイツで1950年頃に採用され、続いてヨーロッパ各国に普及した。

最後部の乗車専用扉は幅が広く、乗車するとそこは乗客の一時溜まり広場になっていて、広場の前寄りにある車掌カウンターの前を通る際に、そこに着座している車掌に運賃を支払い、定期券を見せ、あるいは回数券等の改札を受けた後に、カウンターより前方の座席に座る。

降車は車掌カウンターより前方のどの扉でも良い。乗客は最後部の乗車扉から乗車して前寄りの降車扉へ流れるから「パッセンジャーフロー方式」（ドイツ語では、Eahrgastfluss-System mit Sitzendem Kondukteur 車掌着座の乗客流動方式）と呼ばれた。

第 2 章 ヨーロッパの路面電車戦後史 *21*

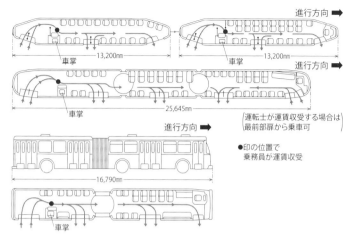

図 2-1 パッセンジャーフロー方式の乗客動線

最後部の扉から乗車し、車掌カウンターで乗車券購入、改札を行い、前方の扉から降車する。都市によっては定期券客は最前部扉からも乗車ができた。
(上) ボギー車の 2 両連結、(中) 3 車体連接車、(下) 2 車体連接バス。

図 2-2 チューリヒ市電保存車 (ルツェルン交通博物館) に見るパッセンジャーフロー方式

(右) 最後部扉を入ったところは客溜まり広場。その右側に車掌カウンター。
(左) 最後部扉の右側の車掌カウンターで車掌が改札、乗車券販売を行う。

22

図2-3　アムステルダム市電博物館動態保存車に見るパッセンジャーフロー方式

（上）パッセンジャーフロー方式の2両編成。写真の右方が前、各車の最後部扉が乗車口。
（中）最後部扉を入ると右に車掌カウンター。
（下）車掌カウンターに車掌が着座している様子。人物は市電博物館の職員。

「パッセンジャーフロー方式」は、まずは短時間に一気に乗車を済ませて、次の停留所に着くまでの間に運賃を収受するところがミソである。

この方式でさらに乗車所要時間を短くするために、スイスのバーゼルには乗車口付近の床面の高さをレール面上415mmまで低くし

図2-4　デュッセルドルフ市電の「デュヴァクカー」3車体連接車
正面窓下に「セルフサービス方式」を示すⓈマークを標示している。（1970年10月撮影）

て乗車しやすくし、他の高床部分との間は緩いスロープで結んだ車両が1952（昭和27）年に登場している。

運賃収受方式改善も低床化も、停車時間の短縮（表定速度の向上）が目的であった。

最後部の乗車扉から降車扉まで客室が続いていれば運転士と車掌の2人で運行できるため、新しく造られる車両は客室が後ろから前まで続いている連接車が主流になった。「デュヴァクカー」の4台車3車体連接車は、長さ26m、定員250人で、さらに定員100人の付随車を1両連結し、これを乗務員3人で運行したので生産性は3：350＝1：117にまで向上した。

「パッセンジャーフロー方式」は都市バス（標準的な単車のバスは全長12.5m、3扉、定員110人、連接バスは全長17m、4扉、

24

定員 140 人）にも普及した。

わが国にも「パッセンジャーフロー方式」を採用した路面電車が、かつて存在した。

それは、車両の大形化と運賃収受の改善に取り組んだ札幌市電で、この方式が 1964 年から 1971 年まで採用された。しかし、残念なことに冬季オリンピックの開催にあわせてゴムタイヤ式の地下鉄が建設され路面電車路線は縮小されて小形車両ばかりになり、わが国で一般的な運転士が運賃収受するワンマン運転になってしまった。（第 3 章の 2.5 を参照）

2.1.2 「下車駅までの乗車券を所持して乗車する」習慣

ヨーロッパでも、大都市の地下鉄などの都市鉄道線の駅には従来から自動改札機の改札口が設置されることが多かったが、鉄道線の駅にはホームの入口に入場時刻を乗客自らが印字、つまり、改札する小さな箱（刻印機）が設置してある程度で、改札口がないところが今でも多い。

スイスのチューリヒ中央駅の地平部分には、3〜18 番線まで頭端式の大屋根に覆われた発着線があるが改札口なるものは一切ない。最も北側の 18 番線のホームと並行している博物館通りの歩道との間には、昔も今も段差も柵もなく出入り自由であり、雨の日には屋根のあるホームが歩道代わりになって一般の通行人がゾロゾロ歩いている。

そもそもヨーロッパでは、「下車駅までの正しい乗車券を所持して乗車する」ことが大前提であり、「乗り越し」はもちろん、「無札乗車で着駅精算」という扱いは無く、これらは不正乗車で

あり割増運賃が徴収される。

　旅客もそのように承知しているから、乗車前の係員による改札は不要という考え方である。

　走行中の車掌による改札は、無札乗車を牽制するという意味が強く、必ずしも全数改札の必要はない、と割り切っている。

　ところが、路面電車では乗客は乗車後に車掌から乗車券を購入あるいは車掌の改札を受ける。頻繁に停車する路面電車での運賃の完全収受と停車時間の短縮を目指して、前述の「パッセンジャーフロー方式」が案出された。

　「パッセンジャーフロー方式」は効率的だが、車掌が運賃を収受（発券と改札）することは従前と同じであり、車掌による運賃収受方法の「改善」に過ぎなかった。また、乗車扉は幅が広いとはいえ１か所のために乗車客が多いと乗車に時間がかかるうえに、次の停留所に着くまでに運賃収受が終わらない場合もあった。

　そして、この方式の最大の難点は、乗客に乗車扉から降車扉への車内移動を強いることで、ベビーカーを伴った乗客や高齢の乗客にはサービスダウンだった。

　また、引き続き上昇する賃金の下での経営改善策として、乗務員の更なる生産性向上が求められた。

　西ドイツでは、車掌の乗務を省略することが検討され、運転士が運賃収受を行う方式のワンマン運転（わが国のワンマン運転と同じ方式）を都市バスで試行したところ、運賃収受に時間がかかるために定員60人程度以下の小型バスにしか適用できない方式であるとの結論になった。

26

小型バスにしか適用できない方式のワンマン運転を、バスよりはるかに定員が多い路面電車に採用しようとする国は、ヨーロッパには無かった。

表定速度の向上と乗務員の生産性向上を可能にする運賃収受方式が検討された。

この検討のベースになったのが「正しい乗車券を所持して乗車する」という鉄道線でのルールだった。

2.1.3　ノーマンカー

ヨーロッパの市民に定着していた「正しい乗車券を所持して乗車する」という鉄道線でのルールを路面電車にも適用し、「正しい乗車券を所持している乗客については、乗務員による乗車券の改札（チェック）を省略する」という革新的な方法が案出された。

ただし、この「チェックの省略」の意味は「乗務員によるチェックを省略する」ということであり、正しい乗車券を所持していることは「乗客自身がチェック」して乗車するというルールである。

この革新的な方法は、1960 年代の前半からスイス、西ドイツで実際に採用された。連結している 2 両目のトレーラーは、「正しい乗車券を所持している乗客」の専用として「ノーマンカー」、つまり、車掌の乗務を省略したのである。

とりあえず「正しい乗車券を所持している乗客」は定期券所持者に限ることとした。

乗務員が運賃収受に関わらないという運賃収受の「革新」の第

図2-5 ジュネーブ市電の2両連結
2両目は「ノーマンカー」。(1963年8月撮影)

一段階であった。

　これによって、「パッセンジャーフロー方式」の1両目は、乗車券を購入する現金客と改札が必要な回数券などの乗客だけとなり、乗車時間が短縮された。定期券専用の2両目の「ノーマンカー」では全部の扉で乗降ができるようになり、利便性の向上と乗降時間の短縮が図られた。

　定員100人のボギー車両の2両連結の場合は、1両目の車両は「パッセンジャーフロー方式」で運転士と車掌の2人乗務、2両目は「ノーマンカー」で、乗務員の生産性は2：200＝1：100に向上した。定員250人の連接車に定員100人の付随車を1両連結した長さ40m、定員350人の路面列車も乗務員2人で運行できるから、生産性は2：350＝1：175に向上した。

　ケルンでは、ボギー車2両の間に中間車体を挿入した全長30mの3車体のフローティング連接車[注]に「ノーマンカー」を

28

連結した全長43m、定員375人の「路面列車」が2人乗務で運行され、乗務員と定員の比率は2：375＝1：188にもなった。

「ノーマンカー」によって、乗務員の生産性が向上したことはもちろんだが、すべての扉で乗り降りができて、乗った扉から降りることができるから、乗り降りの所要時間の短縮と利便性の向上が図られた。便利な「ノーマンカー」に比べて、「パッセンジャーフロー方式」の1両目は乗降扉区分と車内移動の不便さが際立つこととなった。

こうした不便の解消と、乗務員の生産性のさらなる向上による輸送コストの削減が、次の課題となった。

2.1.4　セルフサービス方式

「ノーマンカー」は、「正しい乗車券を所持している乗客については、乗務員による乗車券のチェックを省略する」という考え方で、まずは定期券を所持している乗客だけを対象にした。乗車券を購入する現金客と改札が必要な回数券などの乗客は、「パッセンジャーフロー方式」の1両目に乗務している車掌が対応した。

スイスのチューリヒでは、1両目も「ノーマンカー」にすることを考えた。運賃収受の革新の決定版である。

(注) フローティング連接車：車両と車両の間に、車輪を持たない車体を繋いだ連接方式。1910年代にアメリカ、1920年代以降にヨーロッパに登場した。真ん中の車体が浮いている状態にあることから「フローティング連接」と呼ぶ。ドイツでは「かご（籠）かき電車」とも呼ぶ。わが国でも、4輪単車2両の間に長さの短い車体をフローティング連接した車両を東京市電が1918（大正7）年に試作したが実用にはならなかった。わが国での本格的な「フローティング連接」車は、1999（平成11）年に広島電鉄に就役したドイツ製の低床車「コンビーノ」が最初である。

第2章　ヨーロッパの路面電車戦後史　*29*

　乗車前に乗車券を購入できるように停留所に券売機等の設備を整えれば、すべての乗客が乗車券を所持できることになるので、1両目も「ノーマンカー」にできる。

　要は、1両目に乗務している車掌の仕事を乗客自らのセルフサービスでやることにする、という考え方である。そうすれば、車掌が不要になって乗務員（この場合は運転士）の生産性は飛躍的に向上し、すべての扉で一斉に乗降が可能となり乗降所要時間は短くなり利便性が向上する。

　検討の結果、次の方法が採用された。

　各停留所に券売機を設置し、1回券を利用する乗客は券売機で時刻・停留所名を印字された乗車券を購入、回数券や1日乗車券の乗客は券売機で購入した後に、使用を開始する時に券売機に内蔵された消印機で消印（時刻、停留所名を印字）してから乗車することにした。

　無札や不正乗車の懸念に対しては、特別の改札チームによる抜き打ちの改札を実施して、無札や不正乗車客には正規運賃に加えて増運賃（ドイツ語でZuschlag、英語でsurcharge）を徴収することにした。

　チューリヒは、この運賃収受方式を「セルフサービス方式＝Selbstbedienung（ドイツ語）」と呼び、1960年代の半ばからバスで先行して実施、続いて路面電車に採用した。実に、半世紀近くも前のことである。

　券売機と消印機を車内ではなく各停留所に設置したのは、「正しい乗車券を所持して乗車する」という鉄道線で根付いているルールをそのままバスと路面電車に適用すべきと考えたこと、そ

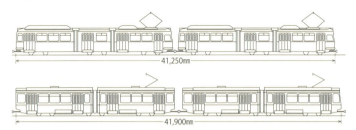

図 2-6 「セルフサービス方式」採用の先駆けチューリヒ市電の路面電車

(上)「セルフサービス方式」採用とともに、走り出した長さ 40m、定員 336 人のワンマン運転の路面電車。3 車体連接車「ミラージュ」[1966 年] の 2 組連結。これによって、路面電車は「速くて利便性の高い中量輸送システム」に生まれ変わることになる。

(下)「ミラージュ」の後継車両「トラム 2000」[1976 年]、常時 2 組連結して運用する。後ろの車両は連結専用で運転台なし。

図 2-7 ベルン市電の 2 両連結

正面窓下の「目玉マーク」は「セルフサービス方式」を示す。
(1970 年 10 月撮影)

して、停留所での待ち時間を乗車券購入と消印に有効に活用でき
ること、チューリヒは均一運賃ではなく停留所5つ目までと6つ
目以上の2段制の運賃制度であり、確実に正しい乗車券を購入し
てもらうために発券は乗車停留所で行う必要があること、走行
中、とくに乗車直後の加速中は安全のため乗客は手すりにつかま
る必要があるので、運賃収受は停留所で乗車前に済ませることが
良いと考えたからであった。

　「セルフサービス方式」はバスに続いて路面電車に導入され、
長さ20m、3車体、4扉の新形連接車を2組連結した全長40m、
8扉、定員336人のワンマン路面列車の運転が始まった。乗務員
の生産性は、1：335にも跳ね上がった。

　続いてバーゼル、ベルンなどのスイスの各都市が「セルフサー
ビス方式」を採用した。

　スイスでは、「セルフサービス方式」の電車、バスであること
を示す「目玉マーク」を正面の窓下に標示した。「目玉マーク」
は、「車掌は乗務していません。車内では乗車券は買えません。
正しい乗車券を買ってから乗車してください」と乗車の仕方を示
すとともに、「（大きな目玉で）誰かが見ているよ」と不正乗車を
牽制する目的があった。

　「セルフサービス方式」の採用によって、

1) 車掌の運賃収受の仕事を乗客が肩代わりし、車掌が不要に
   なり乗務員の生産性が向上した。チューリヒの3車体連接
   車2組連結の全長40mの路面列車の乗務員の生産性（乗務
   員と定員数の比）は1：336にもなった。

2) すべての扉で一斉に乗り降りするので乗降時間（停車時間）

32

← 進行方向　●印の位置で乗務員が運賃収受　M:運転士　C:車掌

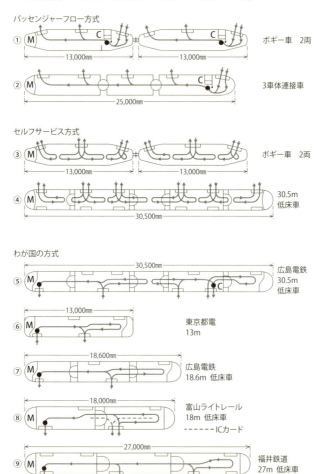

図 2-8　パッセンジャーフロー方式とセルフサービス方式、およびわが国の運賃収受方式の乗客の動線
セルフサービス方式はどの扉でも乗降できて、車内移動が不要。

が短縮され表定速度が向上した。

3）乗った扉から降車できるので車内移動が不要になった。

4）連接・連結両数をいくらでも増やすことができるようにな
り、輸送力が格段に大きくなった。

こうした効果によって、路面電車は、「速くて便利な中量輸送
システム」に生まれ変わった。

「車掌は乗務しません。乗車前に券売機で必要な乗車券を買っ
てそれを所持して乗車してください」「消印が必要な乗車券は乗
車前に消印してください」「有効な乗車券を持っていない人は乗
車しないでください」「係員が改札した際に、有効な乗車券を
持っていない場合には増運賃を徴収します」というルールを
チューリヒ市民は守り、市民は速くて便利な新しい都市交通シス
テムを手にした。

図2-9は、チューリヒが1970年に発行した「セルフサービス
方式」を説明するパンフレット『BUS TRAM Information』で、5
か国語で説明している。

冒頭に、「ようこそ当市へ。あなたは路面電車とバスをご利用
になるでしょう。何のトラブルもなく不安なしでどこへでも路面
電車とバスで出掛けていただけるように、チューリヒ市交通局が
導入した革新的な新制度について説明します。皆様がチューリヒ
滞在に満足され、楽しい街歩きをされることを願っています」。

次に見開き左側ページの上段に、Selbstbedienung（ドイツ
語）、次に、Self-service（英語）、Self-service（フランス語）、
Self-service（イタリア語）、Autoservicio（スペイン語）といずれ

34

も「セルフサービス」の見出しで、新しい運賃収受方式について説明している。

「チューリヒ市交通局のバスに続いて路面電車にも「セルフサービス」による運賃収受方式が採用され、バス、路面電車に車掌は乗務していません。したがって、あなたは停留所に設置してある券売機で乗車券を購入して下さい。もし、乗車券を所持しないで乗車しているこ

図2-9　チューリヒの「セルフサービス方式」の案内パンフレット
(上) 表紙、1970年発行。
(左下) ドイツ語ページ「Serdstbedienung（セルフサービス）」と表現している。
(右下) 英語ページ「Selfservice（セルフサービス）」と表現している。

とが発覚した際には増運賃を支払ってもらいます。」

　この説明の横には「セルフサービス方式」のシンボルマーク「目玉マーク」が描かれている。

　さらに、「料金は、5停留所までは50サンチーム、6停留所以上の場合は70サンチームです」と案内し、乗車券の買い方を説明している。各停留所の設置された券売機には路線図が標示してあり、その停留所から5停留所までのゾーン（50サンチーム）と6停留所以上のゾーン（70サンチーム）が色分けされていて分かりやすい。

　「これが、自動券売機です。乗車券の購入は簡単！　①50サンチームか70サンチームのいずれかのボタンを押す　②必要な額のコインを投入する　③消印（筆者注：発行の日時、停留所名を押印）された乗車券がすぐに出てきます。」

　そして、「バス、路面電車の車内には券売機は設置してありません」と注記してある。

　最下段には、車両の扉の開け方について説明している。

　「乗車する時。扉の横に押しボタンがあります。この押しボタンは、電車が停車すると点灯します。そして、あなたがこのボタンを押すと扉は自動で開きます。」

　「降車する時。車内の各扉の横に押しボタンがあります。あなたが降車したい停留所に着く前にボタンを押してください。停留所に停車するとすぐに扉が開きます。」

　見開きの右のページでは、1日乗車券を案内している。

　「1日乗車券を買えば、乗るたびに切符を買う必要がありません。たった2.5フランでまる1日路面電車とバスに自由に乗り降

りできます。ただし、クローテン行きなどの郊外路線は除きます。この１日乗車券を使い始める時には、券売機の"消印機"に挿入して消印してください。そして、切符に署名することを忘れないように！」

　チューリヒの路面電車に「セルフサービス方式」が採用されると、すぐに西ドイツのミュンヘンでも採用された。西ドイツでは、券売機は停留所に設置したが消印機は車内の各扉付近に設置し、乗車後に消印機に乗車券を挿入して消印（日時、系統番号を印字）する方式とした。

　これは、一定時間内の乗り換えを有効とする制度に対応するために、最初の乗車時刻を厳密に印字する必要があるからで、とくに、運転度数の低い路線では必要な措置であった。この車内消印方式は、無札乗車の抑止効果も狙っていた。

　乗車したら必ず消印をすることとし、消印機に乗車券を挿入して消印する「動作」とその際に消印機が発する"チン"という「音」を乗客の相互監視とすることによって、無札乗車を抑止しようとした。

　西ドイツ始め各国は、スイスと同様に不正乗車の抑止のために、「セルフサービス方式」の採用と同時に抜き打ちの改札を実施した。

2.1.5　「セルフサービス」か「信用乗車」か

　「セルフサービス方式」を、わが国では「信用乗車方式」と呼ぶことがある。「信用乗車方式」という呼称はわが国独特で、「孟

子の性善説に基づいて人を信用した方式」との意味合いらしい。

　しかし、もともと「乗客の相互監視」や「抜き打ちの改札」に不正乗車の抑止を期待する方式であるから、「性善説に基づいて人を信用した方式」ではない。

　この方式は、乗務員の監視無しで乗客が自律的に運賃を支払うものであり、この方式の成立を担保しているのは乗客（市民）の公徳心と公共心である。

　それゆえに前述のようにチューリヒ市は当初から、「Selbstbedienung（セルフサービス）方式」と呼んだ。

　「Selbstbedienung」を英訳すると「do it yourself service with ticket cancelling machines」が一般的であり、英語では「self-service fare collection system」というのが普通だ。

　いずれにせよ「セルフサービス方式」の運賃収受は、「（乗務員の厄介にならずに）自分でやる」という意味合いである。

　近年、スーパーマーケットには「セルフレジ」が普及した。ガソリンスタンドには「セルフサービス　ガスステーション」も増えた。路面電車での運賃支払いも「セルフサービス方式」と呼ぶのが相応しい。

　また、「セルフサービス方式」の普及当初の 1970 年代は「チケットキャンセラー方式」と呼ばれることが多かった。

　これは、消印機を車内に設置した西ドイツの各都市の方式について、「乗客の相互監視による無礼乗車抑制効果が大きい」とわが国に紹介されたことで、車内設置の消印機（ドイツ語で Fahkarten Entweiter、英語で ticket cancelling machine または ticket canceller）が強調されて、「セルフサービス方式」のことを「チ

ケットキャンセラー方式」とも呼ばれたからである。

アメリカ、カナダでの「セルフサービス方式」は、「Proof-of-Payment（支払い証明。略してPOP）system」と呼ぶ。乗車券がPOPそのものであり、停留所のホームは「POPエリア」と称して、乗車券を購入した後に停留所のホームへ入るルールで、無札者のホーム立ち入りを禁止している。

「セルフサービス方式」は、「乗客が自律的に運賃を支払う方式」という意味合いに対して、「POP」は「運賃を支払った（無札乗車していない）ことを証明する方式」であり、いかにも直截的だが具体的で分かりやすい呼び方だ。

わが国のワンマン運転の運賃収受方式では、前乗りの場合には、乗車時に運転士の前で現金または乗車券を運賃箱に投入するだけで、乗車券や支払い済み証明書は発行しないので、運賃支払い済みの正当な乗客であってもPOP（運賃を支払ったことの証明）する術がない。降車扉から侵入（乗車）した無札者との区分は不可能だ。乗車券の発行を省略することは合理的には見えるが、POPの術が無いわが国の運賃収受方式は正当な乗客にとってはむしろ不安だ。

「Honor system」という語もあるが、これは「ホテルのミニバーの飲み物の消費を自己申告する」、「空港のbaggage claim（荷物受取コンベア）で係員による預かりナンバーの照号なしで各人が自分の荷物を取り出す」などの体制あるいは方式を指す。したがって、「交通の分野でのHonor systemは、self-service fare collection systemやProof-of-Payment systemと呼ばれる」のように使われる。

2.2　車両、施設、運行の改善

　路面電車の表定速度・利便性・輸送力を向上させるための対策として前項で述べた運賃収受方式の革新、すなわち、「セルフサービス方式」の採用のほかに、車両の改善、走行空間の確保、都市近郊地区と都心部の直通運転などが実施された。

2.2.1　車両の大形化

　スイスは先の大戦中に車両の大形化と高性能化を開始した。1940 年から 1954 年にかけて全長約 14m、定員約 100 人の 3 扉ボギー電動車と、これと連結する同形の付随車（全長約 14m、定員約 110 人）を大量に投入して小形な旧型車と置き換えた。当時は連結した各車両に車掌が乗務していたから、大形化は輸送力増強と同時に車掌の削減という目的があった。

　西ドイツでは、戦後復興とともに輸送量が増え、大形車両が必要になった。路面電車事業者と車両メーカーおよび関係機関が協議して規格を統一し、低コストの近代的な大形高性能路面電車の開発を行った。

　その代表格は、Dusseldorfer Waggonfabrik A.G.（デュッセルドルフ車両会社、DUWAG 社）が開発した「デュヴァクカー」と呼ばれる近代的な Grossraumwagen（グロスラウムワーゲン。大形車という意味）で、1951 年にハノーハーとデュッセルドルフに、ついで西ドイツ国内の多くの都市に就役した。デンマーク（コペンハーゲン）、オランダ（ロッテルダム）などにも輸出された他、オーストリアなどではライセンス生産された。

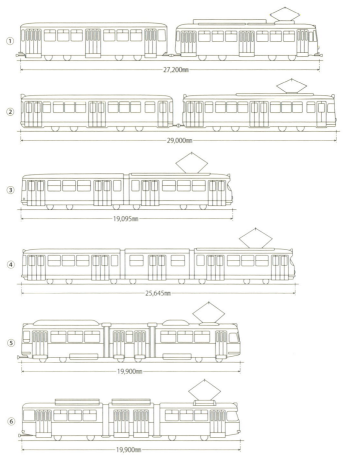

図2-10 スイス、西ドイツの戦後の大形高性能車両

①スイスの標準型　電動車と付随車。
②ドイツの標準型「デュヴァクカー」電動車と付随車。
③「デュヴァクカー」の2車体連接車。
④「デュヴァクカー」の3車体連接車。
⑤スイス：チューリヒの3車体連接車「ミラージュ」[1966年]。
⑥スイス：ベルンの3車体連接車 [1966年]。

第2章 ヨーロッパの路面電車戦後史　*41*

「デュヴァクカー」の標準仕様は、車体の大きさは電動車、付随車とも全長13.0〜14.1m、幅2.2〜2.5m、扉3か所のボギー車で、電動車と付随車の2両セットの定員は141〜196人であった。

全長9m、定員40人程度の戦前からの2軸小形車の3両連結（定員約120人、運転

図2-11　2軸車2両の間に小さい車体を挿入したハンブルグ市電のフローティング連接車

車両の大形化の改造手法。各都市で盛んに実施された。この連接車がトレーラー（2軸車）を牽引している。（1963年8月撮影）

図2-12　デュッセルドルフ市電①
ボギー車2両の間に小さい中間車体を挟んで全長30.6mのフローティング連接車に改造したもの。（1970年10月撮影）

図 2-13 デュッセルドルフ市電②
ボギー車改造の大形フローティング連接車がさらにトレーラーを牽引。全長 43m に達する。（1970 年 10 月撮影）

図 2-14 既存車 2 両の間に中間車体をフローティング連接した改造連接車
上からハンブルグ市電、ドルトムント市電、デュッセルドルフ市電、ケルン市電。

士と各車に車掌1人の計4人で運行。乗務員と定員の比率は4：120＝1：30）は、これらの近代的な大形高性能ボギー車の2両連結（定員約200人、運転士と各車に車掌1人の計3人で運行。3：200＝1：67）に置き換わった。大形車の投入によって輸送力が増強されるとともに乗務員の生産性も向上した。

また、旧型の小形2軸車2両の間に中間車体を「フローティング連接」して全長19〜21mの3車体連接車への改造が盛んに実施された。この「フローティング連接」という構造は、後に登場する100%低床車の構造に活用されることになる。

西ドイツのデュッセルドルフやケルンには、ボギー車2両の中間にフローティング車体を挿入した全長30mの連接車も登場した。

2.2.2　走行空間の確保とネットワークの維持

アメリカでは1920年代にモータリゼーションの進行によって、路面電車利用者が減少した。対抗策としてPCCカー[注]というスマートなデザインの高性能車両を投入したが、軌道敷に溢れる自動車によってPCCカーは身動きが取れず都市交通機関としての役目が果たせず衰退の一途をたどり、戦後はわずか10数都市で細々と営業するだけとなった。

イギリスとフランスもアメリカと同じ途をたどった。

(注) PCCカー：1930年代にアメリカで開発された高性能路面電車。自動車の増加によって経営が困難になった路面電車事業者の社長会は、自動車に対抗し得る新形路面電車を開発するための委員会（Presidents' Conference Committee）を設置、1936年にブルックリン向けの第1号車が竣工した。委員会名をとってPCCカーと呼ばれる。

わが国でも、1950年代の半ば頃から各都市に高性能車両が導入された。しかし、モータリゼーションの進行によって、アメリカと同様に、路面電車は行く手を自動車の大群に阻まれて高性能を発揮することなく、地下鉄の建設・開業とともに路線は廃止されてしまった。

西ドイツの多くの都市の路面電車は戦災で甚大な被害を被ったが、輸入石油への依存度を高めずに都市交通を再建する方針のもとに、路面電車を積極的に再起させた。

戦後の復興とともに自動車が普及して都心部道路の渋滞がヨーロッパの諸都市でも深刻化した。

路面電車をスムーズに走らせて表定速度を向上するために、走

図2-15 軌道敷の舗装省略による路面電車レーン
今なら芝生張りにするところ。ロッテルダム市電。(1970年10月撮影)

第2章　ヨーロッパの路面電車戦後史　*45*

行空間の確保（路面電車レーンの設置）と交通信号の公共交通優
先制御が積極的に行われた。

　路面電車レーンの確保は、白線で軌道敷を明確にする簡単な方
法のほか、緊急車両が乗り越えられるように高さの低い縁石ブ
ロックでの区分、軌道敷の舗装の省略（後に芝生張りが増加）、
背の高い縁石ブロックや柵での区分などによって軌道敷への自動
車の侵入を防いだ。

　1960 年代に入ると自動車の普及が加速して道路混雑がいっそ
う激しくなり、街路幅が狭く路面電車レーンの確保が難しい区間
では路面電車の行く手を自動車が阻むようになった。

　こうした状況に対処するために、ベルギーや西ドイツ、オース
トリアなどの都市では、混雑の激しい区間の路面電車を地下に移
設する工事が開始され、1960 年代の終わりから次々と竣工した。

　この地下移設は、わが国で言う地下鉄化とは様相の異なる方法
であった。

　いかに道路が自動車で混雑するようになったとは言え、一挙に
街中の街路が自動車で埋まる訳ではない。事実、都心部などの部
分的な現象として表れている。そこで、最初はそうした区間だけ
を地下へ移設し、順次地下区間を延伸することにした。

　地下移設した区間と路面区間は仮設のランプ（傾斜路）で結び
路面電車のネットワークを維持した。また、停留所のアクセス性
が良い路面電車本来の手軽さと便利さを残すために、また、ラン
プの長さを短くするために土被りの浅いトンネルとした。

　西ドイツでは地下移設の路面電車を「U-Strassenbahn（路下電
車)」と呼び、「U-Bahn（地下鉄)」と区別した。

この地下移設計画は、路下電車区間を順次延伸し、高架化区間や高速道路の中央分離帯に設けた軌道を含めて最終的には高速鉄道に発展させるという大計画で、「Stadtbahn（シュタットバーン＝都市鉄道）」計画と呼んだ。また、ベルギーの地下線化計画は、ずばり「プレ・メトロ」計画と呼ばれた。

地下鉄の場合には一度にかなりの距離を建設する必要があるが、路下電車化の場合はとりあえず必要な区間だけの建設で済ませ、後は年次計画で高速区間を延伸することができるので工事費用が一時に集中しないこと、また、既存の路面部分とはランプで繋いで従前通りの路面電車ネットワークが維持できるという大きなメリットがあった。

路下化した区間には信号など鉄道線に匹敵する設備を整えた。

図 2-16　エッセン市電①
中央分離帯に路面電車の軌道を組み込んで建設されたアウトバーン。（1970 年 10 月撮影）

図 2-17 エッセン市電②
完成した路下電車区間の停留所。2両編成の電車が停車中。将来を見越してホームの有効長が長い。(1970年10月撮影)

路下電車化は「地下に輝く青信号」などとPRされて路面電車近代化の象徴だった。

しかし、建設工事費が一時には集中しない段階的計画とは言え、トンネルを建設する費用が嵩むため路下電車区間の延伸はなかなかはかどらなかった。ま

図 2-18 エッセン市電③
完成した路下区間と地上区間を結ぶ仮設ランプ。(1970年10月撮影)

図 2-19　スツットガルト市電
完成した路下電車区間の停留所。ホームの有効長は長く取ってある。(1970 年 10 月撮影)

図 2-20　ケルン市電
完成した路下区間から高架区間へ。(1970 年 10 月撮影)

図 2-21　スツットガルト市電の路下電車化の PR パンフレット（1970 年発行）

図 2-22　アントワープ市電の路下電車化の PR パンフレット（1970 年発行）
上半分は自動車に囲まれて走る市電の様子の写真。下半分（路下部分）に路下電車軌道の絵。

た、皮肉なことに、路面電車が道路の下をスムーズに走行できるようになると同時に、自動車も路面電車が消えた都心部の道路をスムーズに走ることができるようになった。この結果、都心部へ流入する自動車が増えてしまうという副作用を伴った。

さらには、都心部の路下電車区間では停留所の場所が分かり難くなり、また、いくら土被りの浅いトンネルと言っても停留所へのアクセスに上下移動が伴うことになり、利用者には不便になってしまった。

そこで、地下線化は都心部のみとし、トンネルを抜けると併用軌道、とは言っても電車専用レーンで自動車交通とは分離のままとした。それゆえ、今では「Stadtbahn は路面電車と U-Bahn のハイブリッドな新しい都市鉄道システム」と解説されている。

車両のサイズは路面電車のままで、併用軌道区間での速度も従来のままだから、「S-Bahn（国電）」や「U-Bahn」の速度、輸送力には適わないのは当然である。

スイスのチューリヒでも、路面電車の速度向上と道路交通の円滑化のために都心部での路下電車化が計画された。しかし、1962年に行われた計画の是非を問う住民投票の結果、60% 余りの反対で路下電車化は否決された。

その後、スイスでは、路面電車はあくまでも路面に走らせて、停留所へのアクセスを容易にし、また、路面電車が常に見えることが利用者増加に繋がると考えた。そのために、路面電車レーンに自動車が侵入しないように取り締まりを厳しくし、交通信号の電車優先制御を行って、路面走行でも路下電車と同じ様にスムーズに、しかも、高い速度で走行できるようにした。

図 2-23　路下電車の今：ドルトムント「Stadtbahn」
(左上) 路下区間の中央駅前停留所。
(右上) 地上区間から路下区間へ進入中。
(下) 地上の併用軌道区間。

　狭い街路では自動車を締め出す例も多く、チューリヒの駅前通りは路面電車と歩行者だけのトランジットモールになった。また、幅員の狭い道路の中央に軌道を設けた併用軌道区間では、停留所の手前に交通信号を設置し、電車が停留所に着く前に停止信号を現示して自動車を停止させて、乗客の安全な乗降を確保する停留所も現れた。

　スイスの「路面は公共交通が優先して使うもの」という考え方

図 2-24 路下電車の今:エッセン「Stadtbahn」
(左)路下区間の停留所。
(右)地上の併用軌道区間。

が、その後の世界のトレンドになった。

　フランスやイギリス、スペインなどには 1980 年代以降に路面電車を復活あるいは新規に開業した都市が多いが、これらの都市ではスイスの考え方を導入して、鉄道線との交差など止むを得ない場合を除いて、路面電車は路面を走行させている。狭い街路では、路面電車は地下や高架に逃げるのではなく、街路から自動車を締め出して路面電車専用街路にしてしまう、という徹底ぶりだ。

　路下区間が多いドイツ、オーストリア、ベルギーなどの路面電車と地上区間がほとんどのスイス、フランス、スペインなどの路面電車を利便性や快適性、あるいは街づくりの観点から比べると、後者に軍配があがるのは明らかである。

　ドイツのエッセンやドルトムント、スツットガルトなど多くの路面電車都市で、路下電車化によって中央駅の駅前広場から路面電車が消え、路下電車化にあわせて地下に商店街が造られ、その

52

結果、地上の人通りが減って駅前広場から賑やかさが無くなってしまった。また、路下区間の乗り場へのアクセスには上下の移動が伴い時間がかかり、薄暗いホームで電車を待つ時に心細さや不安を感じることもある。

　しかし、この路下電車化は、現代の交通機関として必要な表定速度を確保するために有効な施策であったことは間違いない。

　さらに、ヨーロッパの都市の路下電車化計画に学ぶべき点は、既存の路面電車ネットワークを崩さなかったことだ。

　路面電車はそのネットワークが全体として面輸送の機能を発揮しているから、地下鉄の建設によって並行する路面電車のその区間を切り離す（廃止）か、あるいは、道路幅員が狭い区間の路面電車を廃止すると、路面電車はネットワークが破壊されて急速に自壊してしまう。こうした路面電車自壊の現象を、わが国の都市は経験している。

2.2.3　鉄道線へ乗入れ　―都市近郊地区と都心の直結―

　路面電車のサービスエリア外の近郊地区の発展に伴って増加した近郊地区から都市中心部への人の流れを、直通するバスや自動車に任せるのではなく、バス・アンド・ライドとパーク・アンド・ライドで路面電車が受け容れるのはもちろん、路面電車路線の近郊地区への延伸や路面電車の鉄道線への乗入れで近郊地区への直通が行われてきた。これは、利便性の高い公共交通を提供することによって、バスや自動車での市街地直行を減らすためだ。

　ドイツのカールスルーエの路面電車は、路線の近郊地区延伸のほか鉄道線への直通運転によって路面電車ネットワークを拡大

し、都市圏の拡大に対応して近郊地区と都心部を直結する利便性の高い輸送サービスを段階的に拡充してきた。

まず、1958 年に郊外鉄道アルブタール鉄道を改軌（1,000mmを市電と同じ 1,435mm に）して直通を開始し、ついで 1979 年に国鉄（現在はドイツ鉄道）の貨物線を電化（市電と同じ直流750V）して直通し、路面電車ネットワークを拡大した。さらに、1992 年からは国鉄幹線への直通運転を開始した。

現在、カールスルーエ都市圏に S-Bahn（わが国の国電に相当する）が 13 系統（区間運転系統も含む）あるが、路面電車の鉄道線直通の系統が 8 つで、うち 6 つの系統が幹線を含むドイツ鉄道線への乗入れである。

直通の目的は、自動車の都市流入を抑制することのほかに、都市間輸送が中心の鉄道幹線を都市近郊ローカル輸送にも活用すること、ローカル鉄道線の活性化と効率化を図ることである。路面電車の乗入れ区間には既存の駅間に新駅も設置した。

ドイツ鉄道への直通系統の 1 つである S4 系統は、カールスルーエの東方のエーリンゲン〜ハイブロン〜カールスルーエ〜同市南方のバーデンバーデン〜アッヘルンに至る約 155km で、途中ハイブロン市内とカールスルーエ市内は路面電車線に入って市街地中心部を経由する。全区間を直通する列車はなく、ハイブロン市内〜カールスルーエ市内間に普通列車と快速列車が毎時各 1本運転されるほか、カールスルーエ市内〜アッヘルン間に毎時 1本など、区間運転列車が設定されている。

カールスルーエ市内〜アッヘルン間は、ドイツからスイス（バーゼル）へ向かうドイツ鉄道の重要幹線で旅客列車のほかに

貨物列車も多く設定されており、途中のラスタットまでは早くから複々線化され、これ以南も順次複々線化が実施され、幹線であるが路面電車の乗入れの条件が整っていた。

ドイツ鉄道線直通用の路面電車は、複電圧（市電区間の直流750Vと鉄道区間の交流15KV 16 2/3Hz)、全長36.6m、3車体連接の35%部分中低床車（床面高さ：高床部880mm、中低床部630mm）定員229（うち座席100）人で、この車両を2組連結（全長73m定員458（うち座席200）人）して使用される。

この車両の鉄道線区間での運転速度は95km／時と高く、例えばカールスルーエ中央駅前広場〜バーデンバーデン間（31km）を8つの駅に停車して33分で走破しており、表定速度は56km／時と高い。これをわが国の列車と比べてみると、例えば、東海道本線大阪〜元町間31.3kmを途中6駅に停車して30分で運転している普通列車の表定速度に近い。

こうした現役の鉄道線へ路面電車が直通する運転形態は、「カールスルーエ・モデル」と呼ばれるようになり、近年ヨーロッパで盛んに行われている。

ドイツのカッセルの路面電車とドイツ鉄道線の直通（電化区間のほかハイブリッド車両による非電化線区直通もある）、ノルトハウゼンの路面電車のハイブリッド車両による非電化のハルツ狭軌鉄道への乗入れ、フランスのミュールーズの路面電車の国鉄線直通乗入れなどがそれである。カールスルーエとカッセルの直通運転車両は、同一設計の車両をドイツ鉄道も保有しており、相互直通の形態となっている。

わが国にも、路面電車が鉄道線へ直通運転して郊外地区と都心

図 2-25　ノルトハウゼン市電の非電化ハルツ鉄道乗入れ
（左）車両は「コンビーノ・デュオ」［2003 年］。ハルツ鉄道線内の駅。
（右）車内に鎮座する大きなエンジン発電機箱。ここまでして直通運転する執念に驚き。

部を直結している例はいくつもあった。例えば、広島電鉄の広島市内線と宮島線、名古屋鉄道のかつての岐阜市内線と揖斐線の直通などである。これらわが国の直通運転は、直通開始当初は鉄道線内には鉄道線用の大形車両も使用していたので「カールスルーエ・モデル」スタイルの直通であった。しかし、その後に鉄道線用車両の運行を止めて、直通している路面電車用車両だけの運行に切り替えている。現時点でわが国の「カールスルーエ・モデル」スタイルの直通は、福井鉄道の路面電車のえちぜん鉄道直通運転が唯一である。

　カールスルーエのドイツ国鉄幹線への乗入れは、路面電車車両を車両規格や運転速度の異なる鉄道幹線を走らせて安全を担保するために多くの技術的課題を克服して実施された。

図 2-26 カッセル市電の非電化ドイツ鉄道線乗入れ
(上) ドイツ鉄道線内の駅。車両はトラムトレイン用の「レギオ・シタディス」部分低床車。高速運転用に適するように両端の動力台車は在来構造でその上が高床。中間車は2軸ボギー車。非電化区間は屋根上に搭載のディーゼル発電機の電力で走行する。
(下) 直通乗入れ車の都心側起点停留所。

　このことをもって、「かつての名古屋鉄道や広島電鉄が実施した、あるいは福井鉄道が実施している路面電車の鉄道線乗入れ直通を、カールスルーエ・モデルと呼ぶのは間違いである」という

第2章　ヨーロッパの路面電車戦後史　*57*

意見がある。

　しかし、公共交通に肝要なことは「より良い輸送サービスを提供すること」であり、「カールスルーエ・モデル」もこの考え方に沿った施策だ。新しい輸送サービスを提供するにあたっては技術的課題が発生するのは当然のことであり、名古屋鉄道の美濃町線（架線電圧 600V の路面電車線）と各務原線（1500V の鉄道線）直通運転にあたっては、複電圧仕様の路面電車を新造して乗入れたものであったが、運転保安上の課題や小形車両での複電圧機器の艤装の難しさなどを克服して実施された。

　克服しなければならない課題の大きさによって、あるいは、乗入れ先の鉄道線が幹線か支線かによって「カールスルーエ・モデル」と呼ぶか呼ばないかを選別するのは、意味が無い。

　「路面電車から鉄道線列車への乗換えの不便を解消する直通運転」は、すなわち「カールスルーエ・モデル」である。

　ただし、鉄道線列車と線路を共用するので、前述のように乗り入れる路面電車の表定速度を鉄道線列車と同等程度に高くする必要があり、また、鉄道線の列車と同じように都市近郊のローカル輸送をも担うことになるから、それ相当の輸送力が必要である。

　カールスルーエの鉄道線乗入れ用の路面電車は、前述のように全長 36.6m 定員 229 人を 2 組連結した全長 73m 定員 458 人の列車だ。また、鉄道線乗入れの路面電車は、当然ながら運賃収受は「セルフサービス方式」である。それゆえに、乗降は全扉で一斉に行うから停車時間は短くて済み、高い表定速度が確保できて、乗入れに際して鉄道線に新設する駅は、路面電車停留所と同じ造りの簡素な設備の駅員無配置で良い。わが国の運賃収受方式で

は、このような大きな定員の路面電車は使用できない。また、わが国の小形で乗降に時間のかかる路面電車を幹線鉄道に乗り入れることは不可能だ。

これらのことをもって、「わが国での路面電車の鉄道線乗入れ直通を、『カールスルーエ・モデル』と呼ぶのは間違いである」と言うのであれば、それは当たっている。

しかし、「カールスルーエ・モデル」そのものは導入できなくても、わが国は、「カールスルーエ・モデル」が誕生する前から「カールスルーエ・モデル」の理念の一つ「乗換えの不便を解消」を実現していた。それが広島電鉄や名古屋鉄道の路面電車の鉄道線直通運転だ。しかし、乗換えの不便は解消されたものの、運賃収受方式が旧態依然のままであるため利便性は低かった。

「カールスルーエ・モデル」をわが国で採り入れるには、運賃収受の革新から始めなければならない。

路面電車の鉄道線乗入れ直通は、最近は「Tram-Train」とも呼ばれる。フランス国鉄が名付け親だから、これは「トラム・トラン」と読むのが正しい。

フランスのパリにも路面電車が復活し、現在8つの路線が開業していることを前述した。この中のT4号線は、パリ北東部の国鉄の近郊列車線を2006年に路面電車用にしたものだ。他の国鉄線やRERと接続しているが、乗入れ直通はしない単独路線である。なお、パリの路面電車8路線のうちT4号線だけが国鉄の運営で、他の7路線はパリ交通営団の運営である。

このT4号線は、それまでの重い機関車と大きな客車のTrain（列車）に代わって、軽量で高性能な路面電車Tram（5車体連

接、全長26.5m、定員242（座席80）人）が走ることになったので、国鉄はこうした運行形態を「Tram-Train」と名付けて今後の都市近郊路線の近代化と効率化のテストケースと位置付けた。

2006年に路面電車が復活したフランスのミュールーズにも「Tram-Train」が2010年に開通した。この「Tram-Train」はミュールーズ駅前から路面電車路線で都心部を経由して、街外れで現役の国鉄線へ乗り入れるから、これは「カールスルーエ・モデル」である。

また、2012年にリヨン、2014年にナントの国鉄近郊線に「Tram-Train」が走り出したが、こちらはパリのT4号線と同様に、市電路線との直通はしない。

「カールスルーエ・モデル」と「Tram-Train」は少し違う。しかし、いずれも利便性の向上や鉄道線の活用・活性化・近代化が

図2-27　ミュールーズ駅前に停車中の国鉄線乗入れ車（左）と市内線専用車（右）
国鉄線乗入れの部分低床車「アヴァント」（長さ36m）は、駅前から都心部を経由して国鉄線へ乗り入れる。市内線専用車「シタディス」（長さ33m）は100%低床車。

目的である。

こうした施策は、今後、わが国でも計画されるであろうが、運行頻度の高い幹線鉄道への乗入れは、高速性能を具えた路面電車に「セルフサービス方式」の運賃収受を採用して、高い表定速度と大きな輸送力を持たせることが必須となる。

2.2.4　車両の低床化

自動車利用から公共交通機関の利用への転移を促すためには、公共交通機関は高い表定速度と利便性を備えることが必要である。

ヨーロッパの路面電車は専用レーンの確保と「セルフサービス方式」の採用によって、速達性と利便性は格段に向上したが、次の課題が乗り降りをしやすく速くするための低床車両の開発だった。

低床車両は、高齢者やベビーカーを伴う乗客に楽に乗り降りしてもらうために、さらには、嵩上げした乗降場ホームのないトランジットモール区間での乗り降りが容易なように、1980年代の初めから開発が始まった。

①部分低床車

最初の本格的な低床路面電車は1984年にスイスのジュネーブに登場した部分低床車である。

全長21m、2車体連接の4扉車で、両端の駆動台車は在来構造のままとし、この部分の床面高さは在来車と同じだが、中間の台車（付随台車）には直径375mmの小径車輪を使用し、車両の全長のうちの中間部分の約60%の床面高さをレール面上480mmま

第2章 ヨーロッパの路面電車戦後史　61

図 2-28　ジュネーブ市電の世界で最初の本格的低床車

で下げ、扉はすべて低床部分に設けた。

　低床部分と高床部分の段差は 390mm あり、2 段の階段で結んでいる。定員は 164（座席 73）人で高床部分も当然ながら客室で座席があり床面は立席の面積に算入される。

図 2-29　ジュネーブ市電の世界で最初の本格的低床車の車内
低床部分と高床部分との階段は 2 段。

　「セルフサービス方式」が普及したヨーロッパでは、運転士は運賃収受に関わらないため、運転士の横（車両の最前部）には扉が不要だから、先頭台車には在来構造の台車を用いることができる部分低床車でも低床化の目的が達成できる。

　このジュネーブの部分低床車の改良版が 1989 年にスイスのベ

図2-30 ジュネーブ市電の世界で最初の本格的低床車
(上) 両端台車は従来構造のボギー台車、中間のボギー台車には小径車輪を使用して低床化した [1984年]。
(中) 後に中間車を挿入した [1995年]。
(下) ベルン市電の同系車。当初から3車体連接車 [1889年]。

ルンに登場した。改良点は、第1に小径車輪の直径を375mmから410mmに大きくして急曲線や分岐器での走行安定性の余裕を大きくしたこと、第2に低床部分の床面を350mmにさらに低くしたこと、第3に3車体連接車に大型化したことだ。中間車は小径車輪のボギー車、この中間車に両端の車両がフローティング連接する3車体連接車で、全長31.0m、6扉、定員は260（座席68）人、低床率は73%である。

2車体連接で登場したジュネーブの低床車は1995年から中間車を挿入して全長30.9m、6扉、低床率72%の3車体連接車に改造され、定員は270（座席68）人となった。挿入した中間車の台

車の車輪径はベルン向けと同じである。

　ジュネーブ、ベルンに登場した部分低床車は、ベビーカーを伴った乗客や高齢者に歓迎され、低床車導入の機運が一気に高まった。

　しかし、低床車を導入しようにも車両の取換え時期と合致しなければおいそれとはいかない。

　そこで、スイスのバーゼラント交通（BLTと略称。郊外電車だが路面電車タイプの車両を使用してバーゼル市電に乗り入れている）は1987（昭和62）年に安価な方法で部分低床車を就役させた。その方法は、既存の2車体連接車の間に低床車を挿入するという簡単な方法で部分低床化したもので、低床率は10%程度と低い。

　たった10%の低床化率であるが、どの扉でも乗り降りができ

図2-31　バーゼラント交通（BLT）の3車体連接車
既存の2車体連接車に低床中間車を挿入したもの。簡易なバリアフリー化策として、多くの都市に同様の連接車が登場した。

図 2-32 バーゼル市電の 3 車体連接車の低床中間車

るという「セルフサービス方式」のお陰で、ベビーカーを伴った、あるいは、車椅子や高齢者は中間の低床車の扉で乗降が可能であるから、低床化の目的が達成できる。

既存の連接車に低床車を挿入したもののほかに、新造時に中間

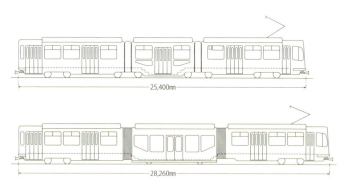

図 2-33 既存の 2 車体連接車に低床中間車を挿入した 3 車体連接車
（上）バーゼラント交通（BLT）、（下）バーゼル市電。

図 2-34 最初から中間車だけを低床車として新造した 3 車体連接車（アムステルダム市電）

図 2-35 既存の 2 車体連接車に低床中間車を挿入した 3 車体連接車（ナント市電）

車だけを低床にした部分低床車も、1980年代の後半から1990年代にヨーロッパの多くの都市に登場した。台車・駆動装置や搭載機器は従来と同じだからメンテナンスも従来通りで済むという大

きなメリットがあった。

フランスでの路面電車復活の第1号はナントで1985（昭和60）年に開業した。開業にあたって新造した車両は、全長28.5m、床面高さ873mmの在来形の2車体連接車だった。輸送力増強のために1992（平成4）年に低床の中間車（床面高さ353mm）を挿入して、全長39.2m、定員252（座席74）人、低床率16%の部分低床3車体連接車に改造した。

図2-36　既存の2車体連接車に低床中間車を挿入した3車体連接車（ヨーテボリ市電（外観））
（下）低床中間車。

図 2-37　既存の 2 車体連接車に低床中間車を挿入した 3 車体連接車（ヨーテボリ市電（車内））
（左）低床中間車の車内。
（右）大形ベビーカー 4 台が載せられる。

　既存の高床連接車の中間に低床車を挿入するという簡便な手法で生まれた部分低床車はヨーロッパの多くの都市で今も活躍している。

　低床車の開発は、車輪の小径化で始まった。ジュネーブ、ベルンに続いて小径車輪を使用した部分低床車はフランスのサンテチェンヌにも登場した。
　しかし、小径車輪には急曲線と分岐器での走行安定性に関わる問題があり、安定性の余裕度を増すために車輪径は 600mm 以上が望ましい。普通の大きさの車輪を使用した低床車の開発が始まった。

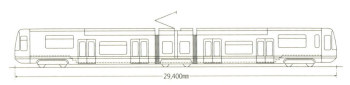

図2-38 グルノーブル市電の部分低床車 [1987年]
同形式車がパリ [1990年]、ルーアン [1993年] に就役。

1対の車輪の間の車軸を無くして（車軸が無いから車輪は個々に独立して回転する。独立車輪）、この部分に床を落とし込んで低床化する車両が開発され、フランスで2番目に路面電車が復活したグルノーブルに1987（昭和62）年に登場した。

独立車輪の付随台車を車体に直結（落とし込んだ床と車輪が干渉しないように、台車はボギーしない）した長さの短い4輪中間付随車の前後に、先頭車をフローティング連接した3車体連接の全長29.4m、定員194人の低床率65%の部分低床車だ。

車輪の直径はすべて660mm、先頭の駆動台車は普通の構造であり、この部分の床面高さは875mm、低床部床面高さは345mmである。車輪はバスのタイヤハウスのように床面から飛び出るが、この飛び出し部分は座席の脚台として用いた。低床部と高床部の段差は530mmで2段の階段があるが、健常者には何らの問題も無い。

両端の駆動台車は従来構造のままであることの実用性が注目を集め、同一の車両がフランスのルーアンとパリ（T1号線）に登場したほか、同じ構成の部分低床車がいくつかの車両メーカーで製作されて多くの都市に就役した。

「セルフサービス方式」の運賃収受なら、部分低床車でも低床

化の目的が達成できる。部分低床車は、実績のある在来構造の駆動台車を使うことができるからメンテナンス性が良いことはもちろん高速走行性に優れており、とくに、高速性能が要求される鉄道線乗入れ用車両には部分低床車が選択される。

そもそもヨーロッパの路面電車は車両長さが30mを超えるのは当たり前で、40mや50mを超えるものもある。そし

図2-39 アデレード市電の部分低床車「フレキシティ・クラシック」

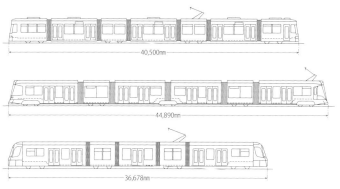

図2-40 部分低床車の例

（上）マンハイム市電［1994年］、定員260（座席119）人。
（中）バーゼル市電に乗り入れているバーゼラント交通の「タンゴ」［2015年］、定員265（座席101）人。
（下）ミュールーズ市電～国鉄線のトラムトレインに運用する「アヴァント」［2009年］、定員162（座席80）人。

て、駆動台車部分が高床であってもその他の低床部分の割合が高いので、実質は部分高床車である。

したがって、部分低床車は 100% 低床車が開発されるまでの"繋ぎ"や"暫定"ではなく、これからも新造が続いて末長く使用されるであろう。

② 100% 低床車

100% 低床車を実現するためには駆動台車と駆動装置の構造をを根本的に見直す必要があった。

普通の大きさの車輪を用いて低床化するには、車輪と車輪の間の軸を無くして、その空間に床を落とし込む。付随台車については前述のグルノーブルの部分低床車で実用化された。要は、この付随台車を駆動台車化できれば 100% 低床車が実現する。

在来構造の駆動台車では、車輪と車輪の間の空間に主電動機と駆動装置を装備している。この主電動機と駆動装置を別の位置に移す必要がある。

すでに、ドイツでは 1980 年代に入ると 100% 低床車用の台車、駆動装置の開発に取り組み、1990 年にその成果として「GT 形」または「ブレーメンタイプ」と呼ばれる試作車が完成した。「GT 形」は、世界で初の 100% 低床車としてドイツのブレーメン、ミュンヘンをはじめ多くの都市に就役した。熊本市電に 1997 (平成 9) 年に登場したわが国初の低床車も「GT 形」である。

「GT 形」は、独立回転車輪の 4 輪車を連結した構成である。駆動系は、車体座席下に装荷した主電動機からスプライン軸と傘歯車で枕木に平行なねじり軸に伝達し、さらに、4 輪のうちの 2 輪の軸を車輪軸受けの外まで延長した部分で平歯車によって駆動

する方式である。他の2輪は付随車輪である。

わが国には熊本市電に続いて岡山電軌、万葉線、富山ライトレール、富山地鉄、福井鉄道にも就役している。

図2-41　GT形4車体連接車、ブレーメン市電

ヨーロッパの「GT形」は、3〜4車体(27〜36m)で構成するが、わが国のものは福井鉄道の3車体(27m)の他はいずれも2車体(18m)である。なお、この4輪車をピンで連結する方式の場合は、曲線部分への出入りする際の車体の動きが独特であり、台車は車体と固定をせずに若干のボギー（回転）ができるようにしてある。

1996（平成8）年にドイツで100%低床車「コンビーノ」（メーカーの愛称）の試作車が披露された。グルノーブルの部分低床車の中間車の間に中間車体をフローティング連接した構成で、モジュール化を徹底して、その組合せによって「コンビーノ」ファミリーとして3車体(17.8m)から7車体(42m)までをラインナップし、投入線区の輸送需要に応じて選択ができるという触れ込みで、試作車がヨーロッパのいくつかの都市でデモンストレーションを行った。

駆動台車は、4輪独立車輪の台車の左右の側梁の外側に両軸の主電動機をレール方向に取り付け、撓み継手を介して前後の車輪の軸を車輪軸受けの外まで延長した部分で傘歯車によって駆動す

図 2-42　コンビーノの第 1 号ポツダム市電
長さ 30.5m の標準タイプで扉は 6 か所。

る。5 車体の場合は 3 台車のうち 2 台車、7 車体は 3 台車が駆動台車である。

「コンビーノ」の第 1 号は 1998（平成 10）年にドイツのポツダムに就役（5 車体、3 台車、長さ 30.5m）、ついで 1999（平成 11）年に広島電鉄（5 車体、3 台車、30.5m）とフライブルク（7 車体、5 台車、42m）に登場した。

1990 年代から 2000 年代には 100% 低床車の開発がラッシュとなった。

「GT 形」は、主電動機を台車ではなく車体側に装荷してプロペラシャフトで車輪に駆動力を伝えた。また、「コンビーノ」は主電動機と駆動装置を台車の側梁の外側に取り付けた。このほか、車輪 1 つに主電動機 1 台という各輪駆動方式や、車輪に主電

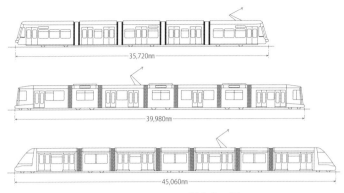

図 2-43　100% 低床車の例
（上）チューリヒ市電の「コブラ」［2001 年］定員 234（座席 92）人。
（中）デュッセルドルフ市電「コンビーノ NF-10」［2000 年］定員 234（座席 82）人。
（下）ストラスブール市電「シタディス」［2005 年］定員 300（座席 76）人。

動機を内蔵したハブモーター方式など各メーカーが工夫を凝らした様々な台車・駆動方式が登場した。

　ただし、最近では、構造が簡単でメンテナンス性が良いことを第一とする設計が増えてきた。また、駆動台車には在来構造が採用できる部分低床車にも根強い需要がある。

　メンテナンス性と高速性能を重視するなら部分低床車が選択される、とは言うもののこれは運賃収受に「セルフサービス方式」を採用している場合に限られるのはもちろんである。

③低床車のトレンド

　前述のように、本格的な低床車は 1985 年にスイスのジュネーブに登場した部分低床車で、駆動台車には在来構造の台車を用い、低床部分には在来構造だが小径車輪を使用した小形付随台車を用いた。

その後、メーカーが工夫を凝らした構造の 100% 低床車が数多く登場したが、当然ながら、台車と駆動装置は複雑な構造になった。その反動から、近年の低床車のトレンドは、走行性能やメンテナンス性の良い構造、つまり、実績のある在来構造への回帰である。

独立車輪は、直線を走行する際に左右どちらか片側に寄ってしまい車輪のフランジ摩耗が大きくなることがある。また、独立に回転することによって曲線での走行がスムーズになりそうだが、必ずしもそうでもない。また、独立車輪の駆動装置は部品点数が多く構造が複雑になるという根本的な問題を抱えている。

そこで、2002 年にオーストリアのリンツに就役した 5 台車 7 車体連接（メーカー愛称は「シティランナー」）は 100% 低床車だが軸あり車輪を初めて使用した。

コンビーノと同様に台車の側梁の外側に主電動機を装荷した直角カルダンであるが、軸あり車輪を使用しているので、主電動機はそれぞれ 1 輪軸だけを駆動するから駆動装置が簡単になり部品点数も半減した。軸があるため台車部分の床面は若干高いが緩いスロープで処理してあるから実用上の問題は全くない。実用的な100% 低床車であるが、それでも、台車と駆動装置はやや複雑である。

トレンドの 1 つ目は、この軸あり車輪の使用だ。

トレンドの 2 つ目は、部分低床車の選択である。

「セルフサービス方式」を採用している場合は、任意の扉で乗り降りができて車内を移動する必要が無い。だから、前述のような 10% 低床車でも立派にバリアフリー化の目的が達成できる。

この点が、必ず車内移動が強いられるわが国とは根本から異なる。

したがって、諸外国では車内に部分的に高床部分があっても不

図2-44　バーゼラント交通の部分低床車
（上）「タンゴ」。
（下）低床部から高床部分を見る。階段3段。

都合ではない。

　部分低床車は在来型の台車・駆動装置を用いることができるため、メンテナンス性に優れており、また、高速走行する鉄道線乗入れ直通に適している。

　2011年にスイスのバーゼラント交通に就役した低床率75%の部分低床車（メーカー愛称は「タンゴ」）は、5台車6車体の連接車で、編成両端の台車と編成中央の連接台車1台車の計3台車は在来型の駆動台車を用いており、その部分の床面が高い。低床部分の床面高さは370mm、扉部分は330mm、編成の両端と中央部分の駆動台車の上部の床面高さは956mmで、低床部分との間は3段の階段がある。低床部分の付随台車には軸あり車輪を用いており、この部分の床面高さは若干高いが緩いスロープで繋いである。

　極めて実用的な部分低床車で、この年に同系の車両がジュネーブ市電にも投入された。

図2-45　ジュネーブ市電の部分低床車
バーゼラント交通の部分低床と同系車。

図 2-46　ヘルシンキ市電の 100% 低床車「ARTIC」
（上）長さ 27.6m、定員 199（座席 74）人。走行性能とメンテナンス性を重視し、ボギーする台車だけで構成してある。
（下）車内。緩いスロープはあるが段差は無い。軌間 1,000mm の制約の中で上手にまとめてある。

　この「タンゴ」は部分低床車と分類されるが、車両全長は 45m あり、そのうち 75% の 34m が低床であるから、実質は、部

図 2-47　メルボルン市電の 100% 低床車「E クラス」
(上) 長さ 33.5m、定員 214 (座席 64) 人。メンテナンス性と走行性能を重視し、ボギーする台車だけで構成してある。軌間は 1,435mm。
(下) 車内。緩いスロープはあるが段差は無い。

分低床ではなくて部分高床車だ。

　トレンドの 3 つ目は、走行安定性に優れたボギーする台車の使用である。

　ボギーする (つまり、ボギー台車本来の使い方の) ボギー台車だけを用いて構成した部分低床車で、既存技術・在来の実績のあ

図 2-48 ボギーする台車だけで構成した部分（35%）低床車（オスロ市電）

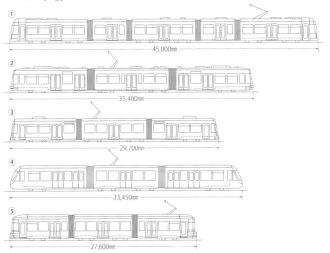

図 2-49 ボギーする台車だけで構成した低床車

①ドレスデン市電　部分（68%）低床車「フレキシティ・クラシック」[2003年] 定員 260（座席 107）人。
②ブレーメン市電　部分（74%）低床車「フレキシティ・クラシック」[2006年] 定員 241（座席 106）人。
③シュヴェリーン市電　部分（62%）低床車「フレキシティ・クラシック」[2001年] 定員 199（座席 92）人。
④メルボルン市電　100% 低床車「E クラス」[2013年] 定員 214（座席 64）人。
⑤ヘルシンキ市電　100% 低床車「ARTIC」[2013年] 定員 199（座席 74）人。

80

る構造によって、メンテナンス性はもちろん走行の安定性、車輪摩耗の減少を狙った設計である。ヨーロッパの多くの都市で採用されている。

このうちオスロのSL95形（図2-48）は低床率35%と低床割合いが低いが、ドレスデンやブレーメンなどの「フレキシティ・クラシック」（車両メーカーの愛称名。図2-49の①～③）は設計に工夫して低床率を70%に高めた。

さらに最近になって、100%低床車がメルボルンとヘルシンキに登場した。（図2-49の④⑤）ボギーする台車を使用し100%低床車を構成しているから通路幅はやや狭く、床面には緩いスロープがあるが、車内移動が不要な「セルフサービス方式」を採用しているから何らの問題はない。ただし、前述のドレスデンなどの部分低床車に比べて駆動装置は少し複雑だが、従来のボギー台車と同じ走行安定性が得られるというメリットがそれを帳消しにする。

この３つ、軸あり車輪・部分低床車（部分高床車）、ボギーする台車の採用がヨーロッパの低床車のトレンドである。

メンテナンスのしやすさで圧倒的に有利な部分低床車だが、わが国では採用の検討すらできないのは極めて残念なことである。

なお、わが国の国産100%低床車「リトルダンサー」は、軸あり車輪を使用している。

2.2.5 長大組成で輸送力増大

パリと隣接地区を合わせたパリ都市圏の人口は1,100万人を超える。そのパリおよびパリの隣接地区に1992（平成4）年から8

第 2 章　ヨーロッパの路面電車戦後史　*81*

図 2-50　パリ T2 号線の車両
全長 66m、定員 426 人。

路線（T1〜T8 号線。T5、T6 号線はゴムタイヤトラム（ゴムタイヤの路面電車）。T は Tram の略）が開業した。

　T1〜T4 号線は、パリの中心から放射状に延びるメトロ（地下鉄）、RER（急行地下鉄）とパリの外周部で接続して環状線を形成している。バスが担っていたこの外周部環状方向の輸送を路面電車に代える計画で、すでに全周の 3 分の 2 ほどが完成している。T5〜T8 号線は、メトロや RER に接続してさらに郊外地区へ延びる路線である。

　いずれの線区もメトロや RER との乗継ぎの輸送需要に対応するために大形車を運転している。T2 号線は長さ 33m の 5 車体連接車を 2 組連結した長さ 66m、T3 号線は長さ 44m の 7 車体連接車、T6 号線には長さ 39m で 6 車体連接のゴムタイヤトラムを運転している。

　ヨーロッパの諸都市の路面電車はほとんどが長さ 30m を超え、近年ますます大型化が進んでおり、ハンガリーのブタペストの最新形は 9 車体連接車で長さは 56m もある。

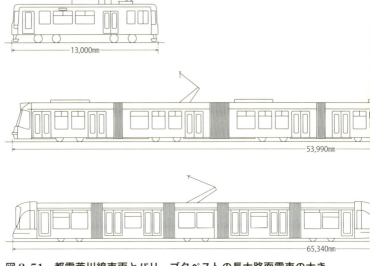

図 2-51　都電荒川線車両とパリ、ブタペストの長大路面電車の大きさ比較
(上) 東京都電荒川線　8900 形　全長 13m　定員 62（座席 20）人。
(中) パリ T2 号「シタディス」全長 66m　定員 426（座席 96）人。
(下) ブタペスト市電「コンビーノ・プラス」全長 54m　定員 352（座席 58）人。

　これは、鉄道線との乗継ぎ、あるいは、都心部への自動車乗入れを抑えるためのバス・アンド・ライドやパーク・アンド・ライドの旅客を受け容れるために、十分な輸送力をもった大形車が必要だからだ。

　インフラと車両の整備コストが嵩む路面電車だが輸送量が大きければ、乗客 1 人あたりの輸送コストは小さくなり、また、貴重な都市空間である街路の 2 車線分を路面電車レーン専用にしたり、街路全部を路面電車のトランジットモールにすることについ

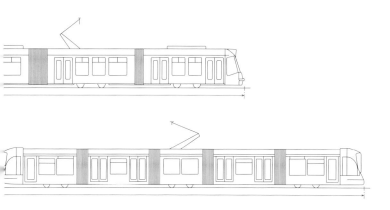

ての合理性が生まれる。

　こうした定員の多い長大組成の路面電車が「速くて便利」な乗り物であるのは、もちろん、「セルフサービス方式」で運賃収受しているからである。

2.2.6　ゴムタイヤトラム、連接バス

　バスは路面電車と同じ路面交通システムであるから、運賃収受は車上で行う必要がある。オランダのアムステルダムなどのよう

に運転士が運賃を収受するわが国と同じ方式でワンマン運転を行っている都市もあるが、主流は「セルフサービス方式」だ。

全長 18m、定員 160 人の 2 車体連接車や 25m、190 人の 3 車体連接車による BRT（Bus Rapid Transit）も増加している。

ヨーロッパの都市では輸送需要によって路面電車とバス、ゴムタイヤトラムを適材適所に選択している。

図 2-52　ナントの BRT「Busway」
（上）2 車体連接車の 4 扉で一斉乗降中。
（下）「Busway」の専用走行路。停留所設備や交通信号の優先制御などは路面電車と同じ。

フランスで最初に1985（昭和60）年に路面電車が復活したナントは4本の路面電車路線を整備する計画であったが、4つ目の路線は輸送需要と投資額の両面から、専用走行路を走るBRTに変更して2006（平成18）年に「Busway」という愛称で開業した。2車体連接の低床バス（長さ17.9m、4扉、定員152人）をラッシュ時には2分45秒ヘッドで運転しており、輸送力（定員）は片方向3,200人／時にもなる。

わが国では「輸送需要が少ないからバス」と言うが、バスでもわが国の路面電車よりはるかに大きい輸送力を持っている。

それでも、ナントの「Busway」は乗り残しが出る状況のため2017（平成29）年からディーゼル・電気ハイブリッドの長さ24mの3車体連接の低床バスに順次置き換える計画だ。

路面電車都市として一躍有名になったストラスブールでも、路

図2-53　ルーアンのBRT
狭い街路はBRTの専用。路面の白線は、停留所ホームにバスをピッタリ寄せるための光学ガイド用。

図 2-54　ニームの BRT「trambus」
専用走行路を行く。停留所設備や交通信号優先制御などは路面電車と同じ。

面電車の A～F 系統の 6 路線に続く 7 番目の路線 G 系統は BRT を採用し 2013（平成 25）年に開業した。

ルーアンは市内南北方向の逆 Y 字形路線を 1994（平成 6）年に開業したが、都心部で交差する東西方向の路線には BRT を選択し 2001（平成 13）年に開業した。

路面電車を採用せずに、2 車体や 3 車体の連接バスで都市交通を担っている都市も多い。ニームの BRT は「tram bus」と呼ばれ、路面電車と同等の輸送サービスを行っている。メッスは、市内交通をすべてバスで賄っており幹線はバス専用レーンを完備し停留所の造りも路面電車路線と同じで、3 体連接の低床バス（長さ 24m、4 扉）も路面電車と見間違うデザインを採用している。

多くの都市で連接バスが活躍しており、幹線には、3 車体連接バスが使用されている。近年は洗練されたデザインのバスが多い。

3 車体連接バスは後輪もステアリングするものの内外輪差があ

図 2-55　メッスの BRT「Mettis」
(上) 路面電車と同等の都市交通システムであることを強調したデザインの3車体連接バス。第1と第3軸がステアリングして回転半径を2車体連接バス並みにしている。ディーゼルハイブリッド方式(ディーゼルエンジンで発電、バッテリーに蓄電、電気モーターで駆動。制動時に電力を回生する)。
(左下) 同車両の車内。
(右下) 専用走行路。

り、また、運転士がハンドル操舵するため交差点などの急カーブはもちろん直線部でもバスレーン幅を路面電車の場合より若干広くする必要がある。

　こうした点を解消するために、1本レールで案内される連接バ

図 2-56　ベルゲンの BRT　3 車体連接バス

スがゴムタイヤトラムだ。案内レールは、道路表面以下に収まるから平面交差も問題ない。

　ゴムタイヤトラムの第 1 号は 2000 年にフランスのナンシーに開業した「TVR（Transport Sun voie Réservée）」で、車両は長さ 25m の 3 車体連接、2 本のトロリーポールで受電して都心市街地ではガイド方式で、都心市街地を出るとガイド無しで普通のトロリーバスとして走行する。

　続いて 2002（平成 14）年に同国のカーンに開業した「TVR」は全線がガイド走行である。「TVR」は、ガイド走行とハンドル運転両用として開発されたことが特徴だが、それゆえにガイドの確実性にやや問題があり、カーンは路面電車に取り換える計画がある。

　もう一つのゴムタイヤトラムの「トランスロール」は、全線ガイド走行に限られるがガイド方式に工夫が凝らされて安全性が高

い。最初にフランスのクレルモンフェランに 2006（平成 18）年に導入（4 車体連接、長さ 32m）された。次に、フランスのパリ（パリ市郊外地区を含む）T1～T8 号線の 8 つの路面電車路線のうちの T5 号線（2013（平成 25）年開業）、T6 号線（2014 年開業）の 2 路線に採用された。T5 号線の車両は 3 車体連接の 25m、T6 号線は 6 車体連接で 39m もある。

路面電車一辺倒のように見えるヨーロッパの国々だが、輸送需要と輸送コストを比較検討し適材適所にバス、トロリーバス、ゴムタイヤトラムを選択しているところは大いに見習うべきだ。

適材適所に選択できる前提は、バスも路面電車と同じ利便性を持っていることだ。これらの BRT とゴムタイヤトラムの運賃収受は「セルフサービス方式」、分離された専用レーン、停留所の設備や交通信号優先制御なども路面電車と同じだ。

図 2-57　クレルモンフェランのゴムタイヤトラム「トランスロール」
3 車体連接の長さ 25m。

図2-58 パリT6号線はゴムタイヤトラム「トランスロール」

6車体連接で長さ39m。パリの路面電車8路線のうちT5号線とT6号線の2路線がゴムタイヤトラム。

2.3 路面電車で街づくり

　フランスの都市整備においてストラスブールは最も成果を上げた代表例で、世界的に注目された。ストラスブールは、路面電車を都市整備の道具として活用した。

　ストラスブールの都市整備の考え方の基本は「都市空間の利用の再配分」、つまり、都市空間の整備を、自動車を中心に据えたものから、人や自転車、公共交通の使用を優先にしたものに転換しようという考え方で、その公共交通の中心に路面電車を据えたものである。

　イル河の中州およそ800m×1kmの都心部を南北に貫通する幹線道路（南行き、北行きの一方通行道路各1本）を毎日5万台の車が通行し、そのうち40%は通過交通だった。交通渋滞と大気汚染、そして、通行量の多い道路による街の分断が深刻な問題に

なっていた。

　こうした事態に対処するために新交通計画がつくられた。その内容は、

　1）公共交通の強化

　　公共交通の利用拡大、バスサービスの現代化、路面電車の導入

　2）都心部の交通体系の再構築

　　歩行者ゾーンの拡大、通過交通の排除（街路の袋小路化＝トラフィック・サーキュレーション、トラフィック・ゾーンシステムの導入）

　3）生活環境の改善

　　路面電車整備街路沿線の整備、2つの広場の整備

であった。

　この新交通計画に基づいて、1992年に自動車の都心部の通り抜けを無くすために、南北の幹線道路を都心部で遮断して通過交通を排除し、さらに、中心部街路の袋小路化（トラフィック・サーキュレーション、トラフィック・ゾーンシステム）を行った。

　続いて、路面電車敷設の工事が開始され、南行き幹線道路（4車線）が路面電車のトランジットモール（一部区間は一方通行1車線の車路を設置）に改築された。路面電車の敷設工事と並行して沿線の景観の改善など都市空間再整備が実施された。1994年の路面電車A線の第1期区間の開業とともに、パーク・アンド・ライド駐車場の使用を開始、路面電車と並行するなど重複するバス路線を再編成した。また、自動車で混雑していた都心のクレ

図2-59　かつては自動車が溢れていた都心の幹線道路（ストラスブール）

ベール広場は歩行者スペースに転換されるなど、歩行者専用空間が拡大された。

　自動車に代わって選択される公共交通機関に必要な条件、速くて、便利で、快適で安価を追求して復活した路面電車には「セルフサービス方式」の運賃収受を採用し、斬新なデザインの大形車両で大量輸送を可能にし、また、パーク・アンド・ライドの駐車料金を無料にした。

　開業にあたって投入した車両は、「ユーロトラム」と名付けた全長33.1m、定員210人の大形の100％低床車26編成で、ラッシュ時は4分間隔（15本／時）で運転し定員輸送力は3,150人／時／片方向）を確保した。

　ストラスブールは、内陸で日照時間が少ないせいか、あるいは

街のシンボルであるノートルダム大聖堂がこの地方のヴォージュ山地で産出する赤茶色の赤砂岩で作られているために黒っぽく見えるからか、街の印象は暗くて寒々しく、メインストリートは自動車が溢れているものの人通りは少なく賑わいがなかった。

ところが、「路面電車で街づくり」によって、街は美しく整備され、メインストリートにひしめき合っていた自動車は消え、代わりにモダンな「ユーロトラム」と市民が行き交うようになり、賑わいが戻った。

路面電車が街を変えた。ストラスブールの事例によって「路面電車は街づくりの道具」と言われるようになった。

このことがわが国にも伝わると、多くの視察団がストラスブールを訪問し、自治体や路面電車推進市民団体などによる「路面電車で街づくり」構想が続出した。

その中の一つ、ある都市の都市計画担当部署が作成し公表された「街づくり」構想（案）を見てみよう。

「都心部では、幹線道路の機能を整理し、通過交通の迂回誘導と公共交通への転換を促進して流出入交通量の減少を図り、賑わい空間の創出、路面公共交通の充実、自転車走行・歩行の安心・安全な環境の確保など自動車交通以外の機能を拡大する」という目的だ。

「都心部」は鉄道の中央駅周辺地区と従来からの繁華街地区を合わせた南北約3km、東西約5kmの矩形の区域で、この区域を囲んでいる道路を「都心環状道路」と呼んで、その機能を「都心中心核の外側に環状ネットワークを形成し、通過交通などを迂回

誘導し、集約化」、また、「パーク・アンド・ライド促進エリアの拡大」を行うとしている。

「街づくり」は、この「都心部」で行い、具体的には、「車線減少等による歩行者空間の拡大」、「都心部での回遊性や賑わいの向上と鉄道の中央駅周辺地区と繁華街地区の連携強化を目指して、LRTやBRTの導入について検討する」とし、LRTを「低床式の車両の活用や電停の改良による乗降の容易性、定時性、速達性、快適性等の面で優れた特徴を有する次世代型路面電車システム」と注記し、ストラスブールの大きな路面電車にそっくりな電車のイラストが添えてある。

また、BRTは「輸送力の大きなバス車両、バス専用レーン、公共車両優先システム等を組み合わせた高次のサービス機能を備えたバスシステム」と注記している。

　この計画は、「新たな路面公共交通システム（LRTやBRT）の導入」を行って「道路空間を人が主役の空間（みち）へ転換」するとしている。ストラスブールの路面電車にそっくりな電車のイラストを添えていることから、ストラスブールの「都市空間の利用の再配分」を手本にした「路面電車で街づくり」を目指していると思われる。

　ところが、いくつかの疑問点がある。第1に、都心部への流入自動車の迂回先を「都心環状道路」としているが、この道路は形状は確かに環状（実際には四角形）だが既存の地平の道路であり信号のある交差点が多く現状でも交通量は多い状況にあり、迂回自動車を受け容れる余裕があるか。

第2に、導入を検討するLRTやBRTのイメージとしてストラスブールやメルボルン（オーストラリア）のLRTとクリチバ（ブラジル）のBRTの3車体連接バスの絵や写真が添えてあるが、狭い都心部内だけに路線を設ける計画であり、都心部の外からの人の流れを自動車に代わって担うことはできない。この路線にどのような意味があるのだろうか。「都心部の2地区の連携強化と回遊性の向上」を目的としているためにこのような都心部の内部だけの路線計画になるのだろうが、そうであればLRTやBRTのように大きな輸送力は不要であり、小型バス、例えば、東京の「丸の内シャトル」程度の大きさのバスで良いのではないか。

「路面電車で街づくり」は、単に「都心の街路の車線数を減らして、歩道を広げ、そこにストラスブールのようなスマートな路面電車を走らせる。そこを走っていた自動車は都心周囲の街路へ迂回させる」という計画では、「都市空間の利用の再配分」ではなく、もちろん、「路面電車で街づくり」でもない。似ているが違う。

日曜日に時間を限って行う「歩行者天国」の場合は、対症療法、つまり、自動車を臨時措置として他の道路へ迂回させれば済むが、「都市空間の利用の再配分」は対症療法ではない。

自動車の流入を根本から減らすことが必要だ。

流入のうち通過交通は迂回させるが、迂回先道路の容量が不足する場合は迂回道路の新設が必要である。都心部を目指して流入する自動車は、路面電車などの公共交通の都心市街地の外縁の停

留所でパーク・アンド・ライド（自動車から路面電車へ乗換え）やパーク・アンド・バスライド（自動車からバスへ乗換え）させる。さらには、バス・アンド・ライド（バスから路面電車へ乗換え）を行う。これによって都心部の街路の車線数を減らすことが可能になって、路面電車レーンや自転車レーンの設置、歩道の拡幅が実現する。

そして、新設する路面電車は、パーク・アンド・ライドやバス・アンド・ライドに対応できる大きな輸送力が必要である。路面電車で大きな輸送力を発揮するためには、「セルフサービス方式」の採用が必須である。

これが「都市空間の利用の再配分」なのだ。

実際に、ストラスブールは、最初の路面電車Ａ系統の第１期開業（9.8km）にあたって、次のように道路と駐車場を新設している。

①都心部の自動車の通り抜けを遮断するために、自動車を迂回させるバイパス道路を都心部の外側に建設した。

実は、このバイパス道路を新設し、通過交通をバイパスへ流すことによって、市街地を南北に貫くそれまでの幹線道路を都心部で遮断して通過交通を排除することが可能となったのである。このことを見落としてはならない。

②都心部への自動車流入を減らすために、都心部を囲む環状道路沿線に1,300台分の駐車場を整備した。

③都心部を貫通する道路に路面電車路線を設け、都心市街地の外縁の停留所３か所に、パーク・アンド・ライド用の駐車場を合計1,700台分整備した。

「都市空間の利用の再配分」、「路面電車で街づくり」は、小手先の仕事ではない。

第3章　日本の路面電車の実態
―LRTになり切れなかった歴史―

3.1　レ ト ロ

3.1.1　「レトロでんしゃ館」展示電車の運賃収受方式は今も現役

　「マンドリンとギターが奏でる市電残像　忘れたくない名古屋の姿を、懐かしい市電の写真とふりかえる」というコンサートが筆者の地元名古屋で催された。曲目は『早春賦』『夏の思い出』『小さい秋見つけた』『雪の降る街を』など。マンドリンとギターの哀愁を帯びた音色と、ステージのスクリーンに投影された地元写真家が撮影した全盛時代の名古屋市電風景のモノクロ写真の組合せが絶妙だ。最後の曲は悲しげなメロディーのロシア民謡「淋しい手風琴」で、写真は名古屋港の埠頭に並んだ無数の市電を写した「沈められる市電たち」だった。

　ギター奏者による解説、「名古屋の市電は、1898（明治31）年に日本で2番目に開業した路面電車で、1958（昭和33）年に営業キロが106kmに達したが、自動車交通量の増加とともに道路渋滞が激しくなり、1974（昭和49）年に全廃された。しかし、欧米では環境に優しい乗り物として路面電車が見直され、乗り降りが楽な床の低い電車も現れている」との解説に、聴衆は市電が活躍した時代を懐かしく思い出し、そして、"市電が見直されているのか"と驚いた様子だった。

　ついで、写真家の涙にむせびながらの言葉、「市電を大事にし

ていたら、決して路線の全部が廃止されることはなかったであろう。残念だ。不用になった市電は名古屋港から船に乗せられ、海に沈められてしまった」との解説に、会場の聴衆からは"え〜、そんな〜"と溜め息が。(事実は、廃車した路面電車の車体を伊良湖岬沖に沈めて漁礁として活用したもの)

このコンサートの副題「名古屋の姿を、懐かしい市電の写真とふりかえる」の通りに、わが国では、路面電車は「昭和の乗り物、懐かしの乗り物」と捉えられているのが現実である。

名古屋市交通局が2000(平成12)年に開館した市電・地下鉄車両の保存館には、3両の路面電車が保存されている。名古屋市電の標準型として1936(昭和11)年から1947(昭和17)年にかけて量産されたボギー車1400形、戦時中の大量輸送のために1944(昭和19)年に製造された2車体連接車3000形、名古屋市電の全盛期に登場した「無音電車」と呼ばれた高性能車群の最後の形式で1956(昭和31)年から1958(昭和33)年に造られたボギー車2000形だ。

この保存館の名前は何と「レ・ト・ロ・で・ん・しゃ・館」だ。40年以上も前に活躍していた路面電車が展示してあ

図3-1 名古屋市「レトロでんしゃ館」に展示の2000形電車

この電車の運賃収受方式は今も現役。

るのだから「レトロでんしゃ館」というネーミングには違和感は
ない。

展示してある路面電車のうち2両のボギー車は窓下に赤帯を巻
いており、これは、廃車になった時のワンマン運転の姿だ。この
ワンマン運転の運賃収受の方式は、名古屋市電が全国に先駆けて
1954（昭和29）年に採用したもので、運転士が運賃を収受する
方式である。この方式がわが国では今も採用されている。

つまり、わが国の現役の路面電車の運賃収受方式は、なんと、
「レトロでんしゃ館」に展示されている過去の電車と同じなので
ある。当然ながら、利便性も機能も「レトロ」である

3.1.2 サンフランシスコの「レトロ」PCC カーは「セルフサービス方式」

正式な PCC カーの第1号がニューヨーク（ブルックリン）に
就役してから80年になる。アメリカの路面電車の象徴は何と
言っても PCC カーだ。

アメリカの各都市に生き残っていた PCC カー32両が集められ
てサンフランシスコの Muni Metro の路面電車 F 系統と H 系統
で、現役として活躍している。

F 系統は賑やかなマーケット通りの南西端から北上しサンフラ
ンシスコのランドマークの一つフェリービルディング前を通って
海沿いにフィッシャーマンズワーフの間を運行している。ケーブ
ルカーとともに観光の目玉の一つであり、いつも混みあってい
る。

現金客は乗る時に運転士に運賃を支払う PCC カー伝統の

第3章　日本の路面電車の実態　―LRTになり切れなかった歴史―　　　101

図 3-2　サンフランシスコ F 系統の PCC カー

（上）各都市に生き残っていたアメリカの路面電車の象徴 PCC カー 32 両が、サンフランシスコに集められて、Muni Metro 路線のうちの F 系統と H 系とに使われている。
（左下）サンフランシスコのマーケット通りを行く PCC カー。この通りの地下には Muni Metro の路面電車と BART（バート）が走っている。
（右下）「セルフサービス方式」を採用しているが、運転士が現金客を扱う。現金で乗車する観光客が多いため前扉はいつも混雑している。

「PAY ENTER 方式」だが、さすがに現代の乗り物として通用するように各扉の脇にカードリーダが設置してあり、カード利用者は前扉と後扉の2か所で「セルフサービス方式」で乗降できるように改善してある。

現金で乗車する観光客が多いために前扉は現金客の行列ができる。これは、昔の PCC カーやわが国の「前乗り後降り」の路面電車と同じ光景だ。

しかし、PCC カーの扉は幅が 1,500mm ほどもあり2列で乗り降りができるから、前扉でも現金客の行列を尻目にサッと乗車できる。

富山ライトレールは朝ラッシュ時のカード利用者に限定して「セルフサービス方式」を実施しているが、サンフランシスコの PCC カーは終日にわたってこれを実施している。

サンフランシスコの F 系統の PCC カーは車齢が高いので、冷房装置は無く、座席の痛みも目立つ。「次降ります」の合図は、側窓の上の方の紐を引っ張る昔ながらの方式である。

このように F 系統の PCC カーは、車両自体は「レトロ」だが運賃収受は「現代式」に改めるという分別が素晴らしい。

わが国の路面電車はこれと全く逆だ。

車両自体は「現代式」だが運賃収受は「レトロ」、たとえば、車両はドイツ設計の最新式3車体連接、全長 27m、4扉の低床車だが、運転士が運賃を収受するワンマン運転、この組合せの不釣合い（ミスマッチ）を早急に解消しなければならない。

3.2 日本の路面電車戦後史

3.2.1 PCC カーと「無音電車」

　アメリカでは、バスや自家用車の台頭によって 1930 年代の初めから路面電車の衰退が始まり路線廃止が相次いでいた。こうしたアメリカの路面電車事情に影響されてわが国では、1950 年代の前半（昭和 20 年代後半）になると「路面電車は旧式な乗り物だ」と、路面電車不要論が風靡し始めた。

　しかし、わが国では、現実にはこの頃は各都市とも輸送力増強と戦前・戦中から使用している旧形車両の代替が必要な状況にあり、路面電車事業者は、「不要論」に対抗して最新式の車両の導入を計画した。

　車両新造には二つの考え方があり、一つは、ライセンス生産によるアメリカの PCC カーの導入、もう一つは、国内の仕様・技術での高性能車両の開発であった。

　前者の方式で 1954（昭和 29）年に東京都電の 5500 形 5501 号PCC カーが生まれた。後者によって同 5500 形 5502 以降、大阪市電 3000 形、2201 形、3001 形、名古屋市電 1900 形、2000 形などが 1953（昭和 28）年～1956（昭和 31）年に製作された。これらの高性能車両は「和製 PCC カー」や「無音電車」などと呼ばれた。

　PCC カー東京都電 5501 号は、PCC カー標準の B-3 形台車（軸距 1,905mm）と WH 式制御機器など車載機器は国内でライセンス生産され、車体は PCC カーを模した外観スタイルを採用して

国内技術で製作された。

PCCカー標準の台車と機器を艤装するには心皿間距離は6.6m必要であり、この結果、車体全長はPCCカー標準の14.3mとなり、わが国のボギーの路面電車としては大きい部類に入る。ブレーキには空気を使用せず、発電ブレーキと電機子軸に取り付けたドラムブレーキを常用、非常用に電磁吸着トラックブレーキを用いた。力行・ブレーキは足踏みペダルで操作するという異例ずくめだった。

看板電車として銀座を通り抜ける第1系統に運用されたが、機器・部品の製作コストとライセンス料が嵩むこと、メンテナンスに手がかかることなどから、1両のみの製作に終わり、1967（昭和42）年の第1系統廃止とともに短い生涯を終えた。

一方、国内の技術による高性能車両は、六大都市の交通局で構成する「無音電車規格統一研究会」が定めた間接制御、弾性車輪、新形台車使用などの統一仕様に準拠し、車体関係は各都市の仕様に任せるという実用的な高性能車両であった。各都市の主力車として活躍し、わが国の路面電車輸送量は1957（昭和32）年から1962（昭和37）年にかけて戦後のピークを記録した。

しかし、これらのPCCカーと

図 3-3　ライセンス生産された東京都電のPCCカー5501号

都電荒川線車庫に保存。

第 3 章　日本の路面電車の実態　—LRT になり切れなかった歴史—

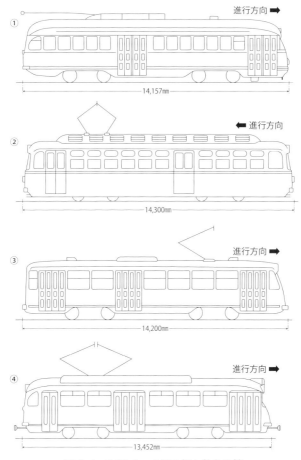

図 3-4　PCC カーの扉の幅と数を比較

①標準型（フィラデルフィア向け）［1946 年］。
②東京都電［1954 年］。
③ブラッセル［1951 年］。
④ハーグ［1971 年］。
PCC カー標準の「非対象 2 扉」を守ったうえで扉幅を狭めた都電の 5501 号とは対照的に、ヨーロッパの PCC カーは 3 扉化して乗降時間の短縮を図っている。

「無音電車」は、走行の性能と静粛性、乗り心地は向上したものの、従来と同じ全長 12〜14m のボギー単車であり、軌道輸送システムの特性である大量輸送への志向は無く、また、低床化など乗り降りのしやすさへの工夫も見られなかった。

すでに登場していた大型バスに対する輸送力の優位性は失われていた。輸送需要が増加してもバスと同程度の輸送力の路面電車では対応できず、市街地の拡大とともに都市近郊地区から都心へ直通するバスが増加し、輸送量は 1962（昭和 37）年頃をピークに減少に転じた。

また、自動車の普及によって軌道敷に自動車が溢れて定時運転が困難になり、1960 年代に路線の廃止・縮小が始まった。

PCC カーと「無音電車」が登場し車両の近代化は進んだが、輸送システムとしての路面電車の改良の取り組みは手つかずのままだった。

これは、アメリカでの路面電車衰退の原因と同じだ。

アメリカでは、路面電車の起死回生策として高性能車両 PCCカーを投入したが、走行空間の確保や運賃収受システムの近代化など輸送システムとしての改良が伴わなかったために衰退した。同じ途をわが国の路面電車もたどった。

PCC カーはわが国だけではなく、イタリア、ベルギー、オランダ、チェコスロバキアなどでもライセンス製造された。

しかし、ヨーロッパで製造された PCC カーは、アメリカのPCC カーの「コピー」ではなく、扉の大きさと数を輸送の実態に合わせて決定している（図 3-4）。

第3章　日本の路面電車の実態　―LRT になり切れなかった歴史―　*107*

　正式な PCC カーの第 1 号は、ニューヨーク（ブルックリン）に 1936（昭和 11）年に就役した。全長 14.02m、前扉は 4 枚折戸で幅 1,503mm、中扉も 4 枚折戸で幅 1,524mm の「左右非対称 2 扉車」で、その後、1954 年までにアメリカとカナダ向けに約 5,000 両も製造された。戦後に製造された車両も扉の配置は同じだが扉幅は、前扉 1,651mm、中扉 1,671mm に拡幅されている。

　北アメリカ（アメリカ、カナダ）の各都市向け PCC カーは大部分が片運転台・左右非対称 2 扉の標準仕様だが、両運転台のものや前と後の 2 扉車も製作された。

　注目すべきはシカゴ向けの PCC カーで、最初に 1936 年に導入した 83 両は「乗降時間を短縮するため」に、広幅扉が 3 か所（前扉 6 枚折戸の幅 2,088mm、中扉 4 枚折戸で幅 1,524mm、後扉 2 枚折戸の幅 762mm）で車体全長も標準型より 1m ほど長い 15.4m だった。戦後 1946（昭和 21）年から 1948（昭和 23）年にかけて増備された 600 両も 3 扉で、前 4 枚折戸 1,651mm、中 2 枚折戸 826mm、後 6 枚折戸 2,088mm、車体全長は 15.2m という仕様だった。しかし、「乗降時間を短縮するため」に 3 扉にしたのは少数派で、北アメリカ向け約 5,000 両のうちわずか 683 両だけだった。

　一方、イタリア、ベルギー、オランダ、チェコスロバキアなどでライセンス製造されたヨーロッパの PCC カーは、ほとんどが広幅扉の 3 扉で、乗降時間の短縮による表定速度の向上を常に目指していることが分かる。

　これに対して、わが国の PCC カー 5501 号は、扉の配置は正式 PCC カーと同じ「前と中間の 2 扉」のままで、しかも扉の幅を

1,000mm に狭めている。

この辺りに、ヨーロッパ諸国とわが国の都市交通システムとしての路面電車に対する考え方の違いが表れている。

その後も車両の改良には熱心だが、交通システムとしての改良への取り組みがされないままに、わが国の路面電車は今日に至っている。

3.2.2　車両の小形化

戦後、ヨーロッパでは車両の大形化が進み、長さ 14m 級の車両なら 2 両連結、さらに大形な連接車を指向した。

一方、わが国では車両の小形化が指向され、小形車両が主流となった。ヨーロッパの趨勢とは正反対だった。

前の項で述べたように「無音電車」の車体関係は各都市の仕様で製作された。しかし、車体長さについては、東京都の 5500 形はライセンスで製作された 5501 号の PCC カータイプの車体を5502 号以降にも採用したため 14.3m だが、そのほかの都市の車両は申し合わせたように 12m 級と小形だ。

それまでもその後も、わが国には 12m 級の小形車両が多いのはなぜだろうか。

「無音電車」が登場した頃に路面電車の専門家が著した論文（「路面電車の改良について」大阪市交通局車両課長　宮本政幸氏、『交通技術』100 号 1954 年 11 月号　日本鉄道技術協会監修／(財)交通協力会発行）に次のような記述がある。

「PCC 電車の仕様の適否」の項で、「最近多く製作される車両は中央部と前端に出入口を有する車両であって、これらは 12m

第3章　日本の路面電車の実態　―LRT になり切れなかった歴史―　*109*

級の車体である。わが国の現状からすれば（東京都電の PCC
カーのような）14m 級車両を車掌 1 人では客扱いに十分なサー
ビスが可能かどうかは、営業側の意見では少なくとも現状では無
理であるということである。やはり、12m 級の車体を使用して
Frequent service（頻繁運転）をすることが都市交通機関に要望
されるという点からは、本格的な PCC 電車の採用は困難となっ
ている」。また、連接車の採用については、「ドイツでは在来の連
結運転に代わるものとして、また、昼間時にも相当の乗客数のあ
る区間に運転されている。昼間が閑散な乗客量の区間では、むし
ろ電力量の損失となるであろう。大都市の場合には朝夕と昼間と
の乗客量の差が著しく、かつ Frequent service が要求されるので
あるから、むしろ短い車体を使用して運転回数を増すべきであ
る」。

　この論文は「路面電車の改良について」とは題するものの当面
の輸送需要に対処する方策に限定し、しかも「乗せる側」（事業
者側）の都合を優先させている。第 2 章で述べたように、西ドイ
ツなどヨーロッパの路面電車は都市交通を担うために輸送力の増
強を図るとともに、乗務員の生産性を向上する方策として大形車
両の投入と運賃収受方式の改善と革新に努力してきた。

　わが国では「小形車両の頻繁運転」が輸送サービスの向上にな
るという考え方が根強い。「ひっきりなしに路面電車がやってく
る」のは一見よさそうだが、これでは交通信号の路面電車優先制
御も難しくなる。優先制御を実施しているヨーロッパでは、単位
輸送量を増やして適度な運転間隔を保つようにし、「次の電車は
あと○分」の案内を行っている。

110

わが国とヨーロッパの国々の路面電車に対する考え方の違いが
鮮明だ。車両は改良されたが路面電車システムとしては何らの改
良がなされないままに時が打ち過ぎる、という歴史が今日まで続
いている。

3.2.3　ワンマン運転開始

わが国では、昔も今も路面電車の運賃収受は乗務員が行ってい
る。

1954（昭和 29）年に名古屋市電で始まったワンマン運転は、
それまでは運転士と車掌で行っていた運賃収受を運転士 1 人で行
うことにしたから、運賃収受に時間がかかって表定速度が低下
し、輸送力は限られ、車内移動というバリアができた。

この方式が半世紀以上にわたって現在も続いており、わが国の
路面電車の利便性と機能は、ヨーロッパの路面電車に遠く及ばな
い。

1932（昭和 7）年に大阪市電に登場した 801 形（長さ 11m、定
員 60 人）は、それまでの車両には扉が 3 か所（前、中、後）
あったが、2 か所（前、中）に減らした。

その理由は、「従来の車両は中扉と後扉のそれぞれに車掌が乗
務していたが、人件費を節減するために車掌を 2 人から 1 人に減
らし中扉に乗務することにして後扉を無くした」であった。

こうした前方と中間に扉を配置する路面電車は「左右非対称 2
扉車」と呼ばれ、戦後の新造路面電車のほとんどがこの配置を
とっている。

しかし、これはいかにも公共交通が備えるべき利便性を考慮し

第3章　日本の路面電車の実態　―LRT になり切れなかった歴史―　*111*

ない理屈であった。扉の数が3分の2になれば乗り降りの所要時間に影響するのは当然であった。

　後部の扉を無くしたことについて「集電装置のポールがビューゲルやパンタグラフに換わった結果、車掌はポールの操作から開放され最後部に乗務する必要が無くなったこと、車掌は車両の真ん中に乗務した方が乗車券発売や案内に都合が良いから」と説明されることもあるが、ポールの操作が不要になったことと、利便性と表定時分に関わる扉の数を削減することは全く別個の事柄である。

　名古屋市電は"乗務員の節減を図る"ために比較的利用客の少ない路線で、車掌の乗務を省略して運転士だけで運転する「ワンマン運転」を計画した。

　車掌を省略しても運賃を完全に収受するために運転士が運賃を乗車時に収受することとし、降車は後ろの扉とした。降車客の安全確認と後扉からの無札乗車を監視しやすいように後の扉は前寄りに設けるのがよいと考えた。つまり、「左右非対称2扉車」はワンマン運転には都合が良かった。

　名古屋市電に在籍していた唯一の「左右非対称2扉車」1700形（昭和25年新造。11.7m、70人）が選ばれてワンマン車に改造されて、1954（昭和29）年にワンマン運転が開始された。

　この名古屋市電のワンマン運転方式は、①運賃収受は運転士が行う、②車両は左右非対称2扉車　であった。この方式は、どのようにして生まれたのだろうか。

　「左右非対称2扉車」の最大の集団は北アメリカの PCC カーだ。

北アメリカ向けに製造された 5000 両余りのほとんどが「左右非対称 2 扉車」だ。そして、PCC カーは「PAY ENTER」、つまり、乗る時に運転士に運賃を支払うワンマン運転方式だった。

1954（昭和 29）年には東京都電にライセンス製造された PCC カー 5501 号が就役しており、戦後は何につけてもアメリカが手本であり、「左右非対称 2 扉車で、運転士が運賃を収受するワンマン運転」も PCC カーの影響を受けたものと推測される。

1965（昭和 40）年頃になると、全国の各都市も交通事業の"経営合理化"を促進するために、名古屋市電の方式に準じたワンマンカーが各地に出現するようになった。

こうした状況から、1967（昭和 42）年に運輸省・建設省（現：国土交通省）の共管による通達「車掌を省略する車両の構造、運転取扱い等について」が出された。内容は名古屋市電のワンマン運転方式をベースにしたものであった。

わが国のワンマンカーのスタイルはここに確立し、それが今日まで 60 余年にわたって堅持されている。

この通達が出された 1967（昭和 42）年には、すでにチューリヒのバスには「セルフサービス方式」が採用されており、路面電車への採用準備が進んでいる時期だ。

運転士が運賃収受するワンマン運転は、定員 60 人程度の小形車にしか適応できないと結論付けたヨーロッパでは、乗務員の生産性向上（つまり、ワンマン運転）にあたって、公共交通機関としての利便性と輸送力確保を第一にするのか、運賃を漏れなく完全に収受することを第一にするのかの選択を迫られたが、前者の考え方を選択し「セルフサービス方式」を採用した。

第3章　日本の路面電車の実態　―LRTになり切れなかった歴史―　*113*

　運賃を漏れなく完全に収受することを第一にして、「乗車扉が1つ、降車扉が1つ、運転士が運賃を収受する」という「日本標準」の元祖は、前述の通り名古屋市電の「左右非対称2扉車」1700形、長さ11.7m、定員70人だ。

　この「日本標準」が、低床車時代になってから投入された最新形車両、車体長さ16〜18m、扉2か所、定員73〜86人（ラッシュ時には100〜120人）の低床車にも適用されているのは、さすがに無理がある。さらに、長さ27m、扉4か所、定員155人（同200人）の低床車を最後部扉は締め切り、中間の2つの扉が乗車扉、最前部の扉が降車扉で降車時に運転士が運賃収受するモンスター級のワンマン路面電車も出現（第3章の3.4参照）している。

　99頁に紹介した名古屋の「レトロでんしゃ館」に展示してある長さ18mの2車体連接車は4扉で車掌が2人乗務していた。これと同じ大きさの車両で運転士が運賃を収受する方式のワンマン運転を行えば、乗降に時間を要して表定速度が低下するのは必然だ。

　現代の公共交通システムに要求される利便性と速達性はどこへいってしまったのか。

　「鉄道の閑散線区では、20m車2両連結の長さ40mの列車だって同じ方式の運賃収受のワンマン運転をやっている、18mや27mの短い車両なら大丈夫」と言うことだろうか。しかし、都市交通システムである路面電車は乗っている時間が短いので、乗降に時間がかかるようでは生活のリズムに合わない。

わが国のワンマン運転　　　　　　　　　　　　　↑乗車　↓降車

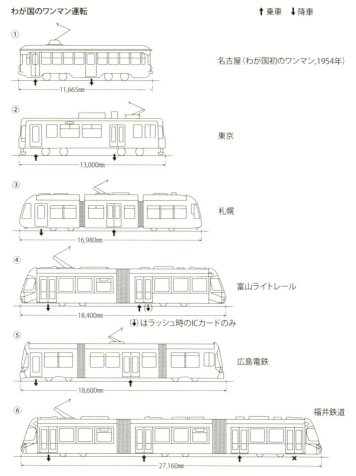

図3-5　これでは不便！　わが国の路面電車　扉の数が少なく、しかも乗降扉を区分

①わが国最初のワンマン運転。名古屋市電、全長12m。1954（昭和29）年。②東京都電荒川線、全長13mの小形車両。③札幌市電低床車、全長17m。④富山ライトレール、全長18m。朝ラッシュ時はICカードに限り乗車扉から降車可。⑤広島電鉄、全長19m。⑥福井鉄道、全長27m。

第3章 日本の路面電車の実態 ―LRT になり切れなかった歴史― 　115

わが国の車掌乗務時代　　　　　　　　　　　　　　　　↓降車　↑乗車

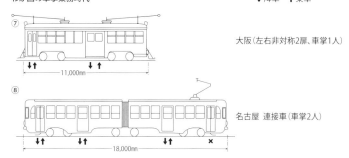

大阪（左右非対称2扉、車掌1人）

名古屋 連接車（車掌2人）

ヨーロッパ　セルフサービス方式のワンマン運転（18m級車両）

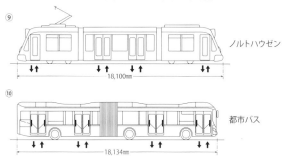

ノルトハウゼン

都市バス

⑦大阪市電の801形、1932（昭和7）年新造。それまでの3扉・車掌2人乗務・全扉で乗降を車掌1人に減らすにあたって2扉にしたもの。この扉の配置の車両を「左右非対称2扉車」と呼ぶ。
⑧名古屋市電で戦中から戦後に活躍した全長18mの連接車。車掌が2人乗務し、3つの扉で乗り降りした。
⑨ノルトハウゼン市電の18m「コンビーノ」標準形で扉は4つ。「セルフサービス方式」の採用で4つの扉で一斉に乗降する。
⑩ヨーロッパの都市バス、全長18mの2車体連接車。扉が4つあり、「セルフサービス方式」によって4つの扉で一斉に乗降する。

3.2.4 風靡した「路面電車邪魔者論」

わが国では 1950 年代前半（昭和 20 年代後半）になると、「路面電車は旧式な交通機関だ。高速電気鉄道の発達、バスの大型化、トロリーバスの改良が進めば、路面電車は不要だ」と、路面電車不要論が社会に風靡し始めた。こうした論調はアメリカの路面電車事情に影響されたものであった。

アメリカでは、バスや自家用車の台頭によって 1930 年代の初めから路面電車の衰退が始まっており、自動車に対抗して高性能路面電車 PCC カーを 1936 年に投入した。ところが、路面電車と自動車の走行空間分離などが不十分だったため、軌道敷に侵入する自動車に妨害されて高性能は発揮できず、路線廃止が相次いでいた。

「ニューヨークなど大都市では、もう路面電車は走っていない」とわが国に伝わり、「そうか、路面電車は時代遅れの乗り物だ」というムードが醸成された。

わが国でも、自動車時代に入ってからは軌道敷に溢れる自動車によって行く手を塞がれて高性能を発揮できなくなった。乗り心地の改良や高性能化など車両の改良を行っても、スイスイ走れなくては意味が無かった。

アリの大群に取り囲まれた芋虫のように、路面電車は軌道敷に押し寄せた自動車に取り囲まれて身動きが取れなくなった。

この状況を「自動車は公共交通である路面電車にとって邪魔者だ」と考えるか、「路面電車は道路交通の邪魔者だ」と考えるか。この考え方の違いは、その国の「公共交通の位置付け」いかんによる。

第3章　日本の路面電車の実態　—LRTになり切れなかった歴史—　*117*

　第2章の2.2でヨーロッパの路面電車レーンについて述べたが、実は、わが国の道路交通法は路面電車レーンが無くても路面電車を優先して通行させるように規定しているのだ。

　道路交通法第21条（軌道敷内の通行）は、まず第1項で「やむを得ない場合を除き軌道敷を通行してはならない」とし、第2項で、（やむを得ず軌道敷内を通行できる場合などを示し）「この場合において、路面電車の通行を妨げてはならない」としている。第3項では「軌道敷内を通行する車両は、後方から路面電車が接近してきたときは、当該路面電車の正常な運行に支障を及ぼさないように、すみやかに軌道敷外に出るか、または当該路面電車から必要な距離を保つようにしなければならない」と定めている。

　つまり、「軌道敷内通行可」であっても路面電車は道路交通法によって正常な運行が担保されるという、道路交通法の建て前なのだ。

　しかし、現実はどうか。

　名古屋鉄道が運行していた岐阜市内および隣接地区の路面電車は、2005（平成17）年3月末で廃止された。

　廃止に至るまで道路併用区間は「自動車交通を円滑にするため」として「軌道敷内通行可」であり、軌道の上を自動車が走る様を描いた「軌道敷内通行可」の交通標識が当該道路に掲出されていた。また、停留所の安全島は自動車交通の妨げになるとして設置不許可であった。

　路面電車が自動車に接近しても自動車は軌道敷から外へ出ず、路面電車は自動車に行く手を阻まれ先へ進めず、利用者は安全島

の無い停留所で命懸けの乗り降りを強いられた。

　しかし、これは「軌道敷内通行可」であることが原因ではなく、自動車ドライバーが道路交通法を遵守しないからだ、もっぱらドライバーのマナーが悪いからだ、という

　もともと岐阜市民（市議会）は路面電車を「邪魔者」と考えていた。岐阜市議会は、1967（昭和42）年に「路面電車撤廃」を決議した。理由は、「市内を縦貫する電車軌道が交通障害の要因となっている。また、軌道の存続は路面の高度利用を阻害し、都市景観を損なうこともあり、近代都市として好ましい姿ではない。岐阜市の飛躍的な発展と住民の明るく住みよい、しかも平穏な市民生活を願うがゆえに、あえて電車軌道の早急な撤廃を望む」であった。

　こうした岐阜市民の考え方に対して、名古屋鉄道は都心部と郊外地区の直通運転（1967（昭和42）年に開始）や、連接車、部分低床車など新形車の投入など、岐阜地区の路面電車は利便性の高い運行や車両の近代化は実現したが、軌道敷に溢れる自動車によって定時運転が確保できず、また、マウンドアップしていない平面の停留所での乗り降りの危険などから公共交通機関としての要件を失い輸送量は低迷し、廃止に追い込まれた。

　「軌道敷内通行可」であっても、道路交通法第21条が路面電車の正常な運行を守る、のは建て前に過ぎない。

　電車が接近してきて軌道敷外へ出ようにも軌道敷外も自動車でいっぱいだから出ることができなかったのが現実だ。

　ヨーロッパでは軌道敷の舗装の省略やブロックや柵などによる軌道敷と車道の分離や路下電車化など物理的な手段で、路面電車

第3章　日本の路面電車の実態　—LRTになり切れなかった歴史—　*119*

の走行空間を確保して正常な運行を維持してきたのだ。

3.2.5　大形車両の導入と運賃収受方式の改善　—札幌市電—

　札幌市電は、市の発展にともなって増加する輸送需要に対処するために、1961（昭和36）年にボギー車の2両編成（愛称「親子電車」長さ24.7m、定員200人）1編成を投入、続いて、1963年から1969年にかけて2車体連接車（全長22〜23m、定員144〜150名）13編成と2両連結車（23〜25m、156〜180名）7編成の計20編成の大形車両を投入した。

　そして、効率的に大量輸送を行うために1964（昭和39）年から、親子電車を除く連接・連結車に「パッセンジャーフロー方式」を採用した。ただし、乗車扉は最後部ではないなどの点から、言わばセミ「パッセンジャーフロー方式」だった。しかし、わが国の路面電車史上で、運賃収受の改善に挑み実行したのは札幌市電だけだ。

　札幌市電の全線の輸送量は1964（昭和39）年にピークに達し、翌年から微減傾向にあったが、都市域の拡大に対処して1963（昭和38）年に非電化で延伸した鉄北線は輸送量が増加しており、1967（昭和42）年に電化してこれらの大形車を運用するなど、「パッセンジャーフロー方式」の大形車が大活躍した。1964年から1971年の間は札幌市電の栄光の時代で、この時点ではヨーロッパの路面電車と同水準にあったと言える。

　大形車両の導入と「パッセンジャーフロー方式」の採用は一過性の施策ではなく、路面電車を段階的に改良し高速輸送システムに発展させるという路面電車活用計画の第一段階であった。

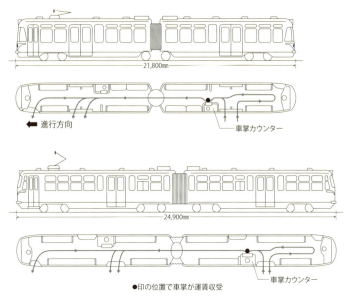

図 3-6　札幌市電の大形車とパッセンジャーフロー方式

乗客の動線を表した。
（上）A830 形連接車［1965 年］。
（下）既存のボギー車を改造した連結車 A870 形［1969 年］。

　ところが、1966（昭和 41）年の IOC 総会での 1972（昭和 47）年の冬季オリンピック大会の札幌開催が決定したことによって、地下鉄が建設されることになり、路面電車は縮小されて大形車は廃車され、伴って「パッセンジャーフロー方式」も消滅し、路面電車活用計画は未完に終わった。

　札幌市の路面電車活用計画とはどんなものだったのか。『札幌市における将来の都市交通計画』（札幌市交通局、1964（昭和

第3章 日本の路面電車の実態 —LRTになり切れなかった歴史— *121*

39）年7月発行。A4判・90ページ）を見てみよう。

「序章・将来の都市交通の方向」には、「アメリカよりも、ヨーロッパにおける都市交通の現状と将来を見聞した方が参考になろう。高速道路にしても、地下鉄にしても、慎重な態度でのぞみ、調査・解析・策定の諸段階を十分な時間とスタッフでもってなしとげている。自動車の普及率がわが国より高率にもかかわらず、都市内の混乱はみられない。高速輸送機関についてみれば、地下鉄の建設に際して、大別して次の2つの行き方がある。

（1）高速でかつ大量輸送をねらった本格的な地下鉄（U-Bahn）

　ロンドン、パリー、ベルリン、ハンブルグ

（2）路面電車を地下に移設する地下鉄（U-Strassenbahn）

　ブラッセル、チューリヒ、ハノーバー、ミュンヘン（計画中）。

　（1）の行き方については、主として100万人以上で、しかも、主府に相当する都市に多く、札幌の将来の方向としては、（2）の行き方が参考になると思われる。（2）の行き方について、50万から100万人程度の人口を有するドイツの都市では、地下鉄道より路下電車（U-Strassenbahn）が最も適当な解決策であると考えている」として、都市交通網を1966年から1985年に至る20年間を4つの工期に分けて路面電車を段階的に改良、拡大して高速輸送機関に生まれ変わらせる計画を提案している。「最終年次に市街地の東西、南北へ2路線の高速輸送機関を都市交通幹線として採用する。この交通機関は、路面電車を逐次高性能化し、計画目標年次には独立した高速輸送機関となる」という計画である。

　大形車両の投入と「パッセンジャーフロー方式」の採用は、路面電車の実力を最高に発揮させるための施策であった。

この報告書の中に西ドイツ：デュッセルドルフ市の交通計画を担当した助役が著した一文が掲載されており、その中に興味深い件がある。

曰く、「交通問題に関する判断は感情問題ではない。交通計画は情緒的なものではない。それは科学、すなわち工学・数学・物理学——つまり理性に立脚する」と述べている。

当時のわが国には、路面電車の特性や実力に関する定量的な議論ではなく、情緒的・感情的、定性的な議論が多く、「路面電車は時代遅れ。廃止は時代の流れ。世界の近代都市ではもう走っていない」という風潮が蔓延しており、こうした雰囲気の中で「ヨーロッパの都市交通政策に学べ」と正論を吐くのは難しい状況にあった。

札幌市の報告書は、西ドイツ：デュッセルドルフ市の交通計画担当者という第三者の言葉を借りて、さりげなくわが国の風潮に反撃を試みたものに違いなく、この報告書の作成者の苦労が滲み出ている。

1964（昭和39）年に、筆者は札幌市交通局を訪ねて局長の大刀豊氏にお会いする機会があり、その際に札幌市の考え方を聞いた。筆者は、この前年の1963（昭和38）年に渡欧し、チューリヒを始めスイスと西ドイツのいくつかの都市の公共交通の状況を見聞していた。この見聞によって、わが国の「路面電車邪魔者論」に疑問を持ち、「路面電車は時代遅れであり、欧米の近代都市ではもう走っていない」という話はデマゴギー（悪宣伝）に過ぎないことを確かめていた。こうした状況の中で、外国の都市の公共交通の実態について調査、解析を十分に行って路面電車活用

第3章 日本の路面電車の実態 ―LRTになり切れなかった歴史― *123*

論を展開し、実行している札幌市に敬服した。

　"歴史に「もし」は無い"、あるいは、"歴史は必然の積み重ね"と言うが、「もし」を考えることで、「本当はどうしたらよかったのか」が見えてくることもある。

　もし、都心とオリンピック会場方面を結ぶ地下鉄が建設されても、引き続き既存の路面電車路線を活用していたならば、札幌市電はどうなっていただろうか。

　ヨーロッパの都市交通を勉強していた札幌市のことであるから、きっと、利便性と表定速度、輸送力のさらなる向上のために1970年代の初めに、「セルフサービス方式」を採用したに違いない。

　まずは、A830形やA870形を連結可能に改造して2編成連結の全長50m、扉8か所、定員300人を超える路面列車の運転を開始したであろう。長大な路面列車が札幌駅前停留所に到着する度に繰り広げられる全扉一斉乗降の光景は、スペクタクルそのものだ。

　21世紀に入ってからは低床車に入れ替わって、一層スムーズな乗降風景が展開されていることであろう。そして、札幌市を見習って日本各地の路面電車に「セルフサービス方式」が普及し、今をときめく「LRT次世代型路面電車」が多くの都市に登場したであろう。

　近年になって札幌市電には低床車が投入され、2015（平成27）年には路線の環状化も完成した。しかし、車両は長さ13mのボギー車と17mの低床連接車など小形車ばかりであり、運賃収受

124

もわが国の他の都市と同じ旧態依然とした方式のままである。

3.2.6　軽快電車

　風靡した路面電車不要論と大都市での路線廃止とともに、わが国の路面電車近代化は停滞した。

　こうした状況の中、(社)日本鉄道技術協会は、「路面電車の分野では、20年以上の技術の空白があり、また、この分野には高速大量輸送用の技術をそのまま応用できない独特な部分が沢山ある」（同協会の『軽快電車の構成要素の開発研究報告書』）として、新しい高性能路面電車を「軽快電車」と名づけてその構成要素の主要部分を研究開発するための委員会（学識経験者、運輸省、車両メーカー、路面電車事業者で構成）を 1978（昭和53）年に発足させた。この開発成果を採り入れて、1980（昭和55）年に長崎電軌（2000形ボギー車）と広島電鉄（3500形3車体連接車）が製作された。このほか、わが国で最初の VVVF インバータ制御電車が軽快電車での開発成果も取り入れて 1982 年に熊本市電（8200形ボギー車）に登場している。いずれも技術の粋を集めた高性能車両だ。

　しかし、高性能な軽快電車は登場したが、都市交通システムとしての路面電車の総合的なシステムの改良、つまり、表定速度と利便性の向上のための運賃収受の革新や路面電車レーンの設置など走行空間の確保にまでは波及しなかった。結局は、1955（昭和30）年前後の「無音電車」の時と同じで車両の改良だけに終わった。

3.2.7　車両の低床化

①東急玉川線200形

わが国で最初に低床化に挑んだ路面電車は東急玉川線200形で、1955（昭和30）年に就役した。

「近い将来、路面電車は高速鉄道やトロリーバス、あるいはバスに置き換えられる可能性があるが、当面は路面電車の性能を改善して対処しなければならない。しかし、PCCカーそのものは日本の風土に適しない面もあるので、その精神を生かした新しい路面電車として200形の開発が進められた」(「玉電200形その技術」守谷之男氏、もと東急車両製造(株)。『鉄道ピクトリアル』2004年7月号）と、わが国の路面

図3-7　東急玉川線200形低床車
床面高さ590mmの立派な低床車。

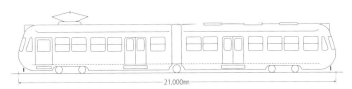

図3-8　東急玉川線200形低床車
小径車輪によって低床化を図った意欲的な設計。

電車の将来を見通している。そうした状況の中ではあったが、開発テーマは「軽量化、高い加速度・減速度」の他に、バリアフリー化が言われる前のこの時代に「床面高さを低く抑え、乗客の乗り降りの便を図る」と先進性が見られる。

全長21mの2車体連接車で、鋼製の車体は軽量化のために円形に近い断面の張殻構造を採用し、連接部の台車は1軸、さらに、乗客の乗り降りの便を図るために、直径510mmの小さな車輪を用いて、車両全長にわたって床面高さをレール面上590mmと低くした意欲的な設計で、高さ300mmの停留所ホームとの段差は290mmとなり、ワンステップの立派な低床車だった。当時も今も普通の路面電車の床面高さは760〜800mm程度だから、200形は言うならば「100%中低床車」だった。

もっと小さい車輪を使用すればさらに床面が下がる理屈だが、第2章の2.4で述べたように急曲線と分岐器での走行の安定性の問題があり、また、駆動台車の場合は台車内に駆動用電動機と駆動装置を配置する空間を確保する必要があるから、車輪の小径化には限度がある。

駆動台車を含めた車輪の小径化手法による100%低床化は、玉川線の200形の車輪直径510mmと床面高さ590mmとなり、ほぼ限度の寸法と言える。

②100% 低床車を輸入

軽快電車開発の目的は、前述のように「（わが国の車両技術は）路面電車の分野では、20年以上の技術の空白がある」ことであったから、20年以上の空白を埋めるのが精一杯であり低床化の発想はなかった。

第3章　日本の路面電車の実態　―LRTになり切れなかった歴史―　*127*

　軽快電車プロジェクトの研究開発成果を採り入れて製造された
「軽快電車」が就役した4年後の1984（昭和59）年には、スイス
のジュネーブに部分低床車が登場し、ヨーロッパの路面電車は低
床車時代に入った。

　熊本市電は1978（昭和53）年に国内路面電車初の冷房車を導
入、1982（昭和57）年には、わが国で最初（試験車、試作車を
除く）にVVVFインバータ制御方式を採用するなど新技術の導
入に積極的だった。そして1994（平成6）年に100%低床車の導
入の研究・検討を開始した。

　開発費用と期間、需要見込みなどから、ただちに100%低床車
の製作に対応できる国内メーカーが無かったため、ドイツで開発
されて納入実績が多いGT形を2車体に短縮し、主要機器は輸入
して車体製作と艤装は国内の車両メーカーが行うことにした。

　100%低床車でしかもドイツ式の設計であり、とくに走り装置
（台車、車輪、駆動装置、基礎ブレーキなど）についてはわが国
の基準に合致しない部分もあった。「旅客営業用車両として適当
かどうかの検証"と同時に"技術的に優れた点の研究と評価」を
目的に、国、路面電車事業者、車両および機器メーカー、学識経
験者などのメンバーによって事前に車両の評価が行われ、車両の
落成後には熊本市電の路線で試験が実施された。この結果、わが
国で実用に供することができることが確認された。

　ただし、加減速性能はわが国の標準的数値に性能を下げて使用
することになった。（カッコ内が原設計値。いずれもkm/h/s）
加速度2.5（4.7）、常用減速度4.6（4.7）、非常減速度5.0（9.7）
とした。この非常減速度の原設計値は標準装備のトラックブレー

キ（電磁吸着ブレーキ）を使用した場合だが、9.7km/h/s という高い減速度での乗客の車内転倒事故を防ぐために非常ブレーキは使用せず、保安ブレーキとして使用することとした。

トラックブレーキは電磁石をレールに吸いつけるので減速度が極めて高く、道路を自動車や歩行者と混り合って走行する路面電車には、衝突・接触防止を担保する頼もしいブレーキだ。ヨーロッパの路面電車の都心の街路での高速走行やトランジットモールでの安全確保を担保しているのは、トラックブレーキである。しかし、わが国では「減速度が高すぎて車内での旅客の転倒事故が心配」という理由で非常ブレーキとしては使用しないこととした。これでは、軌道法の運転速度制限 40km ／時の緩和や「トランジットモール」は成り立たない。

また、朝夕の車掌の乗務に備えて中扉には車掌乗務のスペースと運賃箱など所要の機器を設置した。

扉は標準設計では前後と中間の 3 扉であるが、在来車と合わせるために前と中間の 2 扉に変更し、また、座席配置も標準設計では 2 ＋ 2 であるが、ワンマン運行時の旅客の車内移動がスムーズにできるように 2 ＋ 1 に変更し通路幅を拡大した。ただ、熊本市電は、GT 形には就役当初から今日まで車掌を終日乗務させている。

熊本市電の低床車は、就役した 1997（平成 9）年にちなんで形式は 9700 形で、熊本市電の 73 回目の開業記念日に営業運転に就いた。

熊本市電に続いて岡山電軌、万葉線、富山ライトレール、富山地方鉄道、福井鉄道に GT 形が導入された。熊本市電のほかはワ

第3章　日本の路面電車の実態　—LRTになり切れなかった歴史—　　129

図 3-9　わが国で最初の低床車
ドイツ製の熊本市電 GT 形 9700 形。このシリーズの 2 車体形はわが国向けが唯一。

ンマン運転している。しかし、全長 18m（2 車体形）や 27m（3 車体形）で運転士が運賃収受する方式のワンマン運転は、表定速度低下の要因となり、乗客には車内移動のバリアが大きくなった。

わが国最大の路面電車ネットワークを擁する広島電鉄は、「環境の時代といわれる次世代に配慮した『環境や人にやさしく安全で快適・高性能な乗り物』として超低床車両を製作する」と、100％低床車の導入を 1996（平成 8）年頃から検討した。すでに、全長 24〜27m、定員 140〜180 人の人形連接車を多数運行しており、導入する低床車も同等の定員が必要だった。

国内メーカーでの製作は困難と判断し、ドイツで開発された「コンビーノ」の 5 車体連接タイプを選定した。

「コンビーノ」は、前頭部形状や座席配置には設計自由度を持

たせるものの、標準化したモジュールの組合せによって長さ17.5mの3車体連接車から42mの7車体連接車まで9タイプを「コンビーノファミリー」としてシリーズ化して設計・製作を効率化し、言わば「カタログ販売」の方式で「100%低床車だが、価格は70%低床車と同程

図3-10　わが国で初めての大形（長さ30.5m）路面電車
ドイツ製の100%低床車、広島電鉄コンビーノ5000形。

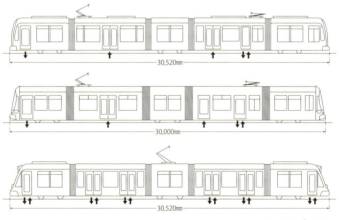

↑乗車　↓降車

図3-11　30m級路面電車比較
（上）広島電鉄グリーンムーバー（コンビーノ広島バージョン）。
（中）広島電鉄グリーンムーバーマックス（国産）は、扉4つ、車掌乗務・乗降扉指定。
（下）ポツダム市電（コンビーノ標準仕様）は扉6つ。「セルフサービス方式」であり全扉で一斉に乗降する。

度」をアピールしていた。

　広島電鉄の5000形は「コンビーノファミリー」の5車体連接車の中で最も長さが長い30.5mだが、扉の数は標準6か所を4か所とし、中間扉の1つを標準の幅1,300mm両開きを900mm片引き扉に狭めて車掌乗務仕様に、また、クロス座席の配置を標準の1＋2から1＋1に設計変更した。

　熊本市電の9700形と同様に標準装備のトラックブレーキは非常ブレーキでは使用せず、保安ブレーキ用とした。

　「コンビーノ」の第1編成は、ロシアの大形貨物機「アントノフ」で広島空港へ1999（平成11）年3月13日に到着して話題になった。部分的な設計変更のために国内の車両メーカー（アルナ工機＝現アルナ車両）が介在して対応したが、ヨーロッパでは標準仕様車の「カタログ販売」が前提のため、設計打合せや製作に手間取り、補助金の消化期限の年度末に間に合わせるために空輸されたと言う。車庫に搬入し年度末までに整備と試運転を済ませた後に、乗務員の習熟運転を行って6月9日から「グリーンムーバー」の愛称で営業運転に就いた。

　合計12編成が導入されたが、その後は国産の「グリーンムーバーマックス」に引き継がれた。

③部分低床車は不合格

　1997（平成9）年に熊本市電に100%低床車が登場し、乗り降りが容易な「人にやさしい路面電車」として一気に低床車に注目が集まった。

　わが国の運賃収受方式では、乗る時か降りる時に運転士が運賃を収受するから前扉部分が低床でなければ「人にやさしい」とは

言えないことになる。100% 低床車でなくても 10% 低床車でも低床化の目的が達成できるヨーロッパ諸国とは大きく事情が異なる。

100% 低床車を成立させるためには、前述のように台車と駆動装置が複雑になりメンテナンスにも手がかかる。そこで、名鉄は従来構造の台車を用いて、台車と台車の間の床面を低くした部分低床車（800 形。岐阜地区の新岐阜（現、名鉄岐阜）〜関間の鉄道線と路面電車線の直通に使用）を 2000（平成 12）年に 3 両新造した。長さ 14.8m と少し大き目のボギー車で、定員は 72（座席 30）人、低床部分の床面高さは 420mm、低床部分の扉部分は 380mm、台車上部の高床部分は 720mm で、低床部分と高床部分は 10% 勾配の緩いスロープで結んでいる。車椅子やベビーカーでの乗客は低床部分の扉で乗り降りしてもらって、運転士が出向いて運賃収受することにした。

この部分低床車が就役してからわずか 5 年で路線廃止になり岐阜地区での運行は短期間だったが、その後は豊橋鉄道と福井鉄道に移籍して元気に活躍している。

函館市電の 8100 形も台車間の床を低くし高床部分とは階段で結んだ部分低床車で 2007（平成 19）年に 1 両が製作された。

部分低床車は新造コストとメンテナンスでは大きなメリットがあるものの、運賃収受方式の関係からわが国では「バリアフリーな乗り物」というキャッチフレーズが使えない。

豊橋鉄道、福井鉄道、函館市電の増備車は 100% 低床車が選択された。

④国産低床車の黎明期

　低床車への関心の高まりに呼応して国内の車両メーカーが開発した最初の100%低床車が「リトルダンサー」シリーズだ。

　在来構造の台車を用いて、高床となる台車の上は運転室とし、台車間だけを低床にして客室にしたS形（2002年。伊予鉄道2100形）、運転室だけの4輪小形車の間に客室をフローティング連接した3車体連接のA3形（2001年。鹿児島市電1000形「ユートラム」）、4輪の中間小形車の両端にS形の片方の台車部分を無くしたものをフローティング連接した3車体連接のL形（2002年。土佐電鉄100形「ハートラム」）、A3形にL形の中間車を組み合わせた5車体連接のA5形（2007年。鹿児島市電7000形「ユートラムⅡ」）の4タイプが登場した。

　これらの低床車は、"部分低床車の高床部分の大部分を運転室に使用し、主に低床部分を客室とした準100%低床車"であった。したがって、車両全長の割に客室部分が短く定員が少ないのは当然であり、運転室が異常に広く乗客輸送に貴重な床スペースに無駄が目立つ設計であった。"運賃収受方式の制約から何が何でも100%低床車に限る"という悲しいわが国の現実を象徴した苦心の準100%低床車である。

　ただし、動台車には従来構造の台車と駆動装置、従台車にも従来構造の低床形台車を用い、すべて軸あり車輪を使用しているからメンテナンスには好都合である。また、100%低床車の構成には、必須とも言えるフローティング連接構造をわが国で初めて国内で実用化した功績は大きく、その後に登場した本格的で無駄スペースのない100%低床車設計のノウハウがA3形とL形で蓄積

された。

⑤国産 100% 低床車の誕生と普及

国内メーカーによって本格的な 100% 低床車「リトルダンサーU 形」が開発され、まず、2003（平成 15）年に長崎電軌（200形）に登場し、その後に同系車が、豊橋鉄道（T1000 形）、富山地方鉄道（T100 形）、長崎電軌（5000 形）、札幌市電（A1200形）、阪堺電軌（1001 形）、筑豊電鉄（5000 形）に就役した。

「リトルダンサーU 形」は、全長 15〜17m の 3 車体連接車で中間車が両先頭車にフローティング連接される。軸あり車輪を使用し、台車部分の床面高さは軸があるため 480mm であるが扉部分は 350mm でその間は緩いスロープで繋いでいる。運転台床下に主電動機を装荷し、カルダン軸で 4 輪台車の車端寄りの 1 輪軸を駆動する直角カルダン方式である。前述の GT 形に似ているが、軸あり車輪を使用しているため、構造が比較的簡単である。

U 形の開発コンセプトは、「国内路面電車の大半を占めるワンマン運転のボギー車の代替が可能であること」で、既存の 12〜13m 級のボギー車の低床車への置換え需要に対応した車両であり、連接車としては極めて小形である。この開発コンセプトは、路面電車は「小形車両の頻繁運転」という旧来の固定観念のままだ。しかし、路面電車事業者の現実の要望がそのようであれば、メーカーとしてはそれに応えざるを得ない。

運輸省（現：国土交通省）は、2000（平成 12）年 5 月に国内技術による 100% 低床車用の台車の開発が急務であるとして、国内の車両及び車両機器メーカー 8 社に呼びかけ、2001（平成 13）年 2 月にこの 8 社で構成する「超低床 LRV 台車技術研究組合」

が設立され、3タイプの台車・駆動装置の試作が完成した。

　開発された3タイプのうちの一つの4輪独立車輪台車の横梁の外側に両軸の主電動機をレール方向に装荷した直角カルダン方式の台車・駆動装置を用いて、2005（平成17）年に、広島電鉄向けに100%低床車5100形（メーカー愛称は「JTRAM」。広島電鉄での愛称は「グリーンムーバーマックス」）が製作された。5000形「コンビーノ」と同様の5車体3台車の構成で、全長30m、床面高さは360mm、扉部分の床面高さは330mmである。

　広島電鉄には、5100形の3車体バージョン1000形（全長18.6m）も2013（平成25）年に登場した。

　2017（平成29）年に、新しい構造の国産100%低床車が鹿児島市電に登場した。メーカーの愛称は「リトルダンサーX形」、2車体2台車、長さ14mの連接車で、2つの車体はピンで結合されており、台車は若干ボギーする。この構造は、1997年に熊本市電に就役以降わが国でお馴染みになったGT形と基本的に同じである。

　ただし、「リトルダンサーX形」の駆動装置はGT形の複雑な構造とは異なり、在来構造の「平行カルダン方式」を採用しているところが独創的であり安心感がある。

　軸あり車輪を用いているのはこれまでの「リトルダンサー」シリーズと同じで、軸の上部スレスレまで床の下面を下げ、かつ、その空間に収まるように、「世界最小クラス」の直径305mmの細長い主電動機と小型駆動装置を用いた「平行カルダン方式」が新開発された。

　構造が複雑化する一方の100%低床車の走行装置の中で、技術

者の執念と努力によって生まれた世界初の「100%低床車用の在来構造の平行カルダン方式」だ。

　小型主電動機のために出力がやや小さめであり、急勾配区間や40km／時を超えて走行する区間を有する路線用には、1車体2個主電動機で対応する。

　主電動機と駆動装置の小型化技術が注目されるが、もっと注目したいのが、編成両数が2両単位で増やすことができることだ。

　在来車両の取換え用需要に対応するとして小形低床車を開発してきた国内メーカーが、4車体なら27m、6車体は39m、8車体なら51m、さらに増やすことも可能という車両を開発したことだ。

　「セルフサービス方式」の採用当初は4車体バージョンを準備し、利用者の増加に合わせて6車体、8車体に増強する、わが国に路面電車新時代の到来を予感させる車両の登場だ。夢が膨らむ。

　しかし、この「リトルダンサーX形」の「売り」は、「超低床車では難しかった全座席のロングシート化を実現した」ことであり、これは、現行の運賃収受方式では不可避である乗車扉から降車扉への車内移動のしやすさを第一に考えての路面電車事業者の要望に応えたものであろう。全面ロングシート化によって車内移動というバリアはやや軽減されたものの、運賃収受方式が現状のままである限りバリアとして厳然と存在する。

⑥理想は部分低床車

　車両にとって台車、主電動機、駆動装置は、最も重要な装置であり構造が簡単でメンテナンスがしやすいことが重要だ。しか

第3章 日本の路面電車の実態 ―LRTになり切れなかった歴史― *137*

し、100%低床車の場合は、これらの装置の構造の複雑化、部品点数の増加、メンテナンス性の低下が免れない。

イニシャルコストとメンテナンスコストを考えると、部分低床車が理想だ。そのためにも「セルフサービス方式」を採用したい。すべての扉で乗り降りできるから車内移動の必要が無く、1＋2や2＋2のクロスシートが装備できる。

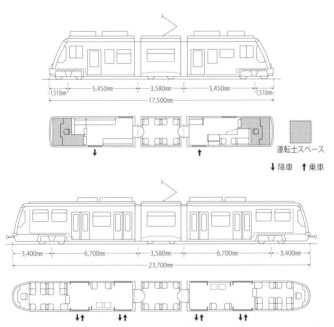

図3-12 「セルフサービス方式」の採用で実現する理想の部分低床車「リトルダンサーL形」の発展形
両先頭の駆動台車は平行カルダン方式の従来型、中間台車は軸あり車輪の従来型。全長24m、4扉、定員130（座席36＋折りたたみ4）人、ベビーカー4台。ラッシュ時は2単位連結して定員260（満載340）人。

138

図 3-12 をご覧いただきたい。上の図は国産低床車「リトルダ
ンサー L 形」で、駆動台車は在来構造で駆動装置も在来構造、
従台車も在来構造の低床設計、車輪も在来と同じ車軸付きであ
り、構造が簡単でメンテナンスは在来技術で OK だ。

この「リトルダンサー L 形」は、"部分低床車の高床部分の大
部分を運転台スペースに使用し、主に低床部分を客室とした準
100% 低床車"である。運転台スペースが異常に広く、高床部と
は言えせっかくの床面積を旅客に提供できないというもったいな
い設計は、もっぱら運賃収受方式の所以である。

図 3-12 の下の図は筆者が描いたもので、「セルフサービス方
式」を採用した場合に実現する部分低床車、「リトルダンサ L 形
の発展形」である。全長 24m、4 扉、定員 130（座席 40）人だ。
朝夕の混雑時間帯は 2 単位を連結（48m、定員 260（満載 340）
人）して 4 分ヘッドで運転すれば、定員輸送力は 3,900（満載
5,100）人／時／片方向が確保できる。

「セルフサービス方式」と部分低床車の組合せは、バリアフ
リー時代の理想の路面電車の姿だ。

3.3　日本の路面電車の現況

わが国には路面電車（路面電車タイプの車両を使用し、主とし
て乗務員が運賃を収受するもの）が 17 地区に 19[注] 路線ある。

[注] 札幌市交通局、函館市企業局、東京都交通局、東京急行電鉄世田谷線、豊橋
鉄道東田本線、富山地方鉄道富山軌道線、富山ライトレール、万葉線、福井
鉄道、京福電気鉄道、阪堺電気軌道、岡山電気軌道、広島電鉄、伊予鉄道市
内線、土佐電気鉄道、筑豊電気鉄道、長崎電気軌道、熊本市交通局、鹿児島
市交通局

第3章　日本の路面電車の実態　—LRTになり切れなかった歴史—　*139*

これら19路線のうち4つについてその実態を見てみる。

　1つ目は、全線のほとんどが新設軌道（いわゆる専用軌道）で走行空間が確保されており、また、乗降場と電車床面に段差が解消されて乗り降りのバリアフリーが達成されている東京都電荒川線。

　2つ目に、全長30mの大形低床車両を多数使用し、わが国最大の路面電車ネットワークを擁する広島電鉄。

　3つ目は、「わが国で最初のLRT」と言われることもある富山ライトレール。

　最後の4つ目は、全長27mの大形低床車両を日本式の運賃収受方式でワンマン運転している福井鉄道である。

　以上4つの路面電車の実態を見てみよう。

3.3.1　東京都電荒川線

　最盛期には213km余りの営業キロを誇った東京都電は、軌道敷に自動車が溢れて路面電車の正常な運行がいよいよ困難になった1963年から路線廃止が始まり、三の輪橋〜早稲田間12.2km（荒川線）を除いて1972年までに撤去された。荒川線はほとんどが新設軌道（いわゆる専用軌道）で併用軌道区間は1.4kmほどしかなく、道路交通の影響を受けることが少ないことから廃止を免れた。

　従来通りの高床車両が使用されているが全停留所のホームを車両の床面に合わせて嵩上げし、道路からホームへ緩いスロープで結んでバリアフリー化が図られている。

　「低床車でなければ現代の路面電車に非ず」という風潮がある

図 3-13　東京都電荒川線
（上）立派な施設に長さ 13m の小形電車。高床式の車両に合わせてホームを嵩上げしてある。バリアフリーに乗車できる。
（下）運賃収受方式の関係から乗車扉から降車扉への車内移動が必要であり、電車は小さいが混雑時にはそれがバリアになる。

が、低床車導入の目的は車両床面と停留所ホームの段差解消であり、構造が複雑になる低床車を導入せずに乗り降りのバリアフリーを図る方法として都電荒川線の方式は有効である。

第3章　日本の路面電車の実態　—LRTになり切れなかった歴史—　*141*

　荒川線は、新設軌道（俗に言う専用軌道）区間が多く、軌間（レールの幅）は1,372mmとJR在来線の1,067mmより広く、しかも停留所ホームが高いから路線の雰囲気は本格的な鉄道線だ。鉄道線と見間違う線路に不釣合いな全長13m、扉は片側2か所、定員60人程度の小形車両1両のワンマン運転を行っている。前の扉が乗車口で真ん中の扉が降車口となっている。

　「レトロ調電車」の9002号が飛鳥山を行く写真を表紙に、「小さな電車でおさんぽ日和」と題した「都電荒川線路線案内図」（東京都交通局発行　A3判4つ折り）は、荒川線沿線探訪には必須のパンフレットだ。

　「鬼子母神なら都電に乗ってのんびり出掛けるのが一番」と東京の友人に勧められたので都電で出掛けた。早稲田から乗車したVVVF制御の最新形の8900形は新設軌道を快走して鬼子母神前に到着。乗客の大半が下車した。

　境内には、手創りの雑貨、アクセサリー、陶器、それにパン、焼き菓子の店が出ていて大賑わい。「手創り市」の日だからであろうか、ベビーカーを伴った若い夫婦が多い。

　参拝を終えて鬼子母神前に戻り、三の輪橋行きの電車を待つ。ホームは参拝帰りの人でいっぱい。5〜6分ヘッドの運転だから待つほどもなく電車は来た。

　乗車は前扉から。車両の床面高さはホームの高さとほぼ同じで段差は無いが、しかし、一人ずつ一列に並んで料金を払い、あるいは、ICカードをタッチするから乗車に時間がかかる。乗車した人は降車を考えて中扉（降車扉）より奥へはなかなか詰めないので車両の前半分だけが混雑して、乗車する人の列はなかなか進

まない。降りる人が降りてしまった後は、中扉は開いたままポカーンとしている。やっと発車。「乗車に時間がかかって4分遅れて運転しています」と運転士のアナウンス。鬼子母神を出てからは、今度は降車に時間がかかった。降りる人は混雑する車内を中扉まで移動するのが容易ではない。とくにベビーカーを伴った場合も前扉からの乗車が原則でお母さんは大変だ。また、ベビーカーは同時に2台までしか乗せない。

ホームまではバリアフリーに到達でき、ホームと電車の床面にも段差が無くてバリアフリーだが、乗車の際には一人ずつ運賃を払うボトルネックがバリアであり、乗ってからは車内移動というバリアがある。

結局、終点の三の輪橋へ到着まで遅延時分は回復できないままだった。

新設軌道区間には交差道路がいくつもあるが、踏切保安装置が完備しており電車が近付けば遮断機は降下するので、電車は軌道法の制限速度40km／時でスイスイ快走する。併用軌道区間は1.4kmしかなく、そのうち、自動車の軌道敷内通行可の区間は大塚駅前と飛鳥山〜王子駅前間の合わせて約450mに過ぎず、しかも、自動車の少ない日曜日だから自動車に行く手を阻まれて遅延した訳ではない。もっぱら、多客によって乗り降りに時間がかかった。

「表定速度の向上には乗降時間（運賃収受時間）よりも交通信号の優先制御が重要だ」という主張があるが荒川線の実態を見ると、交通信号の優先制御だけではダメだということが良く分かる。

第3章　日本の路面電車の実態　—LRTになり切れなかった歴史—　*143*

　停留所から停留所の間は快走するが停留所での停車時間が長い。これでは、現代の生活リズムに合わない。

　やはり、「都電に乗ってのんびり出掛けるのも楽しい」と割り切る覚悟が必要だ。しかし、公共交通機関の役目は「人の輸送」であり、「のんびりを楽しむ」ためのものではない。

　ただ、王子駅前停留所の乗車はスムーズだ。王子駅前停留所では、JR京浜東北線、東京メトロ南北線のほか都バスからの乗換客が多く、乗車（運賃収受）に時間がかかる。これを短縮するために、朝ラッシュ時から夕刻まで車載運賃箱と同じものをホームの入り口に設置して係員が事前に運賃を収受している。ホームの乗客は運賃収受済み、乗車1か所の乗車口から1列で順番に乗車することには変わりないが、運賃収受を行わない分だけスピーディーに感じる。

　2015（平成27）年度の輸送実績は年間1,660万8,000人（1日当たり4万6,000人）で、平日のラッシュ時間帯は相当に混雑し、日曜日の日中でもかなりの乗客がある。それなのに、いかにも電車が小さい。

　「小さな電車でおさんぽ日和」だが、「おさんぽ日和」に鬼子母神へ出掛けようにも、定員60人程度の「小さな電車」で座席定員は20人ほどしないから老人には着席が難しい。

　ヨーロッパ諸都市の路面電車は輸送力が大きく中量輸送機関と位置付けられるものも多い。中量輸送機関の輸送力は、片方向1時間あたり5,000〜1万5,000人と定義される。1時間5,000人とはどのようなものか。

　荒川線の現行ダイヤでの朝ラッシュ時の輸送力を計算で求めて

みる。最混雑区間は区間運転を含めて最大運転本数は1時間あた
り15本（平均4分間隔）であり、1両の満載人員は93人（8900
形。定員62人×1.5）としても、輸送力は1時間あたり約1,300
人に過ぎず、5,000人にはとても及ばない。1時間あたり5,000人
を輸送するには70秒間隔の運転が必要になる。乗車扉1か所、
降車扉1か所での乗降に要する時間は、前述の鬼子母神停留所の
実態に見る通り、70秒間隔の運転は難しい。

　また、全区間の停留所の数は30、停留所間隔の平均は421m、
路線のほとんどが新設軌道であり走行空間が確保され、しかも、
道路との交差（踏切）は電車が優先通行（電車の接近で踏切保安
装置が作動）しているか所が多いが、全区間の運転時分は56分、
表定速度は13.1km／時と低い。最高運転速度は40km／時（軌
道運転規則）だが停留所間隔の短い荒川線では不足はない。表定
速度が低い要因は、料金収受を乗車時に一人ずつ行うこと、降車
扉が1か所しかないことによって乗降に時間がかかるからであ
る。

3.3.2　広島電鉄

　広島市内線（軌道線、19.0km）と宮島線（鉄道線、16.1km）
の合計35.1kmの路線網を擁するわが国最大の路面電車である。
鉄道線である宮島線には、かつては、鉄道線専用の車両が使用さ
れていたが、1962（昭和37）年から市内線の路面電車による直
通運転が始まり、1991（平成3）年にすべてが路面電車の直通運
転となった。

　2015（平成27）年度の輸送実績は5,659万7,000人（1日当た

り 15 万 5,000 人）と多い。

大形の連接車（全長 25〜30m、4 扉、定員 130〜180 人）だけで 62 編成も保有しており、このうち 22 編成が低床車である。22 編成のうち 12 編成は世界の多くの都市に就役している「コンビーノ」の広島バージョン（車掌乗務、乗務員による運賃収受、扉の数が少ないなど標準仕様とは異なる）の 5000 形で、全長 30.5m、5 車体連接、定員 153 人、愛称は「グリーンムーバー」、10 編成は国産の全長 30m の 5 車体連接の低床車で定員は 149 人、愛称は「グリーンムーバーマックス」である。

また、旧来の小形ボギー車の代替用に「グリーンムーバーマックス」の 3 車体バージョン（全長 18.6m、2 扉、定員 86 人）も投入されており、全線で低床車が運転されている。

停留所の改良も進んでおり、駅前広場への引き込み、大屋根設置、電車接近・案内標示器も主要停留所に設置され利便性が向上した。また、都市環境と景観の向上のための芝生舗装軌道は 3 か所合計 345m が整備された。

電車優先信号システム[注]は、1974（昭和 49）年に最初に導入され、現在は 6 区間に設置されて、路面電車運行の効率アップが図られている。

低床大形車が都心の華やかなメインストリートを行き交う光景や、鉄道線を快走する姿はヨーロッパの路面電車風景を彷彿とさせる。

[注] 交差点の交通信号機が路面電車の接近を検知すると、その交通信号のタイミングにあわせて青信号の延長、赤信号の短縮などの信号制御を行い、路面電車の運行をスムーズにさせるもの。

しかし、わが国で最も先進的な広島の路面電車も運賃収受は旧態依然とした日本式だ。乗降に時間を要すこと、降車時には車内移動が必要であることは他の都市の路面電車と同じである。

全長13〜14mの小形ボギー車はもちろん、全長18.6mの新型低床連接車も片側2扉で、後ろの扉が乗車口、前の扉が降車口で降車の際に運賃を収受する。

全長30m級の世界標準サイズの低床連接車の場合は片側に扉が6か所のものが多いが、広島バージョンでは4か所しかなく、しかも、乗車は中間の扉2か所と後部の扉（車掌が乗務）の3か所だけ、降車は運賃を収受できる前の扉（運転士が乗務）と後部の扉（車掌が乗務）の2か所だけだ。

30mもの長さの電車に乗車用の扉が3か所、降車用の扉が2か所ではいかにも少ない。30m級なら扉は6か所は必要で、そのすべてが乗り降りに使えなくてはスムーズな乗降は覚つかない。

ただし、朝ラッシュ時には広島駅前、紙屋町、西広島など降車客が多い停留所では車載の運賃箱と同じ機能の移動式運賃収受装置と係員をホームに配置して乗車扉からの降車を可能としており、4つの扉すべてで一斉降

図3-14　広島電鉄
長さ30mの車両で降車扉2つを補うための地上の運賃収受要員。朝ラッシュ時間帯に主要停留所に派遣され、乗車扉からの降車を認めて地上で運賃収受を行う。

車を行う。このスピーディーな降車を見ると「セルフサービス方式」採用の必要性を実感する。

3.3.3 富山ライトレール

「わが国で初めての本格的なLRT」という触れ込みで、2006（平成18）年に開業した。

富山駅北〜岩瀬浜間7.6kmのうち奥田中学校前〜岩瀬浜間6.5kmはJR西日本旅客鉄道の旧富山港線（富山〜岩瀬浜）を転用した鉄道線で、奥田中学校前〜富山駅北間1.1kmは都市計画道路に併用軌道を新設した。

北陸新幹線の金沢延伸に伴う北陸本線の富山駅周辺の高架化によって、富山港線も高架化が必要になり、高架化の費用対効果の観点から富山港線の存続問題が発生した。富山市は、「岩瀬浜〜

図 3-15　富山ライトレール 06 形
長さ18mで乗車扉1つ、降車扉1つではいかにも少ない。

奥田中学前間を廃止せず路面電車路線として活用する方針を打ち出し、第三セクター富山ライトレールを設立した。

富山駅付近を高架化しないために浮いた連続立体交差事業費をベースに各種の補助制度による国、JR、県および市の負担で事業費を賄う公設民営方式が採用された。

車両は、ドイツ生まれのGT形（ブレーメン形とも呼ぶ）2車体連接の低床車（全長18.4m、2扉、定員80名）600形が導入された。この車両は、熊本市電、岡山電気軌道、万葉線に導入されたものと同じである。その後も、GT形は富山地方鉄道、福井鉄道（3車体）に導入されている。

併用軌道区間のうち0.4kmは、芝生張りのサイドリザベーションとなっている。終点岩瀬浜のホームはフィーダーバスの停留所と一体に整備されているほか、沿線のまちづくりも同時に行われた。車両、停留所および停留所サイン、広告そして制服が統一的にデザインされている。

北陸本線の高架化が完成した後に、富山地方鉄道の市内線と線路が繋がって直通運転を行う計画である。

後扉から乗車し、前扉から降車する際に運賃箱に運賃を投入、または、ICカードをカードリーダにタッチする方式で開業したが、その後、後扉にもICカードリーダを新設して2006（平成18）年7月から、朝ラッシュ時はICカードの利用者に限って後扉からの降車ができるように改善した。

時間と券種を限定したが「わが国初の信用乗車方式」と喧伝された通り、混雑時に乗った扉から降車できる便利さ、降車客の多い停留所での降車時間の短縮効果は大きい。

第3章 日本の路面電車の実態 ―LRTになり切れなかった歴史― 149

図3-16 ICカード限定の「セルフサービス方式」
(左) ICカードに限り乗車扉から降車ができる。
(右) 乗車口に設けた降車用ICカードリーダ。

　さらに、2017(平成29)年10月15日から、この扱いは終日に拡大された。なお、富山ライトレールでは、この無人の後扉でのICカードタッチ降車を「信用降車」と呼んでいる。

　低床車、鉄道線直通、芝生張り軌道、ホームタッチのフィーダーバス、無人扉でのICカードタッチ降車等々、LRTの要件は揃っている。それゆえに富山ライトレールは、「わが国で初めての本格的なLRT」と呼ばれる。

　しかし、小形の車両を用いて朝間は10分ヘッド、日中15分ヘッドの運転で、2015(平成27)年度の輸送実績は205万6,000人(1日当たり5,600人)に過ぎず、LRTや「次世代型路面電車」というイメージには程遠い。

150

だが、IC カード限定ではあるが、「セルフサービス方式」の便利さを実体験できるわが国で唯一の路面電車である。無札者の乗車を阻止する仕掛けが何もない無人の扉で、乗客は自らの意思でIC カードをセンサーにタッチして、スムーズに乗降している。毎日が「セルフサービス方式」の実証実験であり、利便性の高さが実証されている。市民の誰もが「セルフサービス方式」の利便性を評価していることだろう。次は、全券種への「セルフサービス方式」適用へ進めてもらいたいものだ。そうすれば、名実ともに「わが国で初めての LRT」となる。

3.3.4　福井鉄道

　福井と武生を結ぶ 21.4km の路線で、福井市内市街地区間3.3km は道路併用の軌道線、その他区間 18.1km は鉄道線で、全列車が両区間を直通運転している。2013（平成 25）年度の輸送実績は 198 万 3,000 人（1 日当たり 5,400 人）である。

　従前は鉄道線用の床面が高い車両が軌道線に乗り入れていたが、名古屋鉄道の岐阜地区軌道線（路面電車）の廃止（2005（平成 17）年）に伴って、部分低床ボギー車 2 両と 2 車体連接車 9本が転入、併せて鉄道線区間のホームを嵩下げした。

　床面高さが高い鉄道線用車両の軌道（路面電車）区間での乗降には、扉の開閉に連動する折りたたみ式の急なステップによっていたため、乗り降りに難渋していた。

　この難渋な乗り降りが、名古屋鉄道から転籍した車両によって解消され、とくに、同時に転籍した部分低床車 800 形は乗降扉部分の床面高さがレール面から 350mm と低くて安全島の高さとほ

ぼ同じであり、利用者から「乗りやすい」と好評を博した。高床式の鉄道線用電車とバリアフリーな低床電車の利便性の比は無限大だった。

800形などの低床車両の利便性が現車で確認されたことから、2012（平成24）年度から全長27.2m、4扉、定員155人の低床3台車3車体連接車F1000形、愛称「フクラム」4本が就役した。

この車両は1997（平成9）年に熊本市交通局を皮切りに、岡山電気軌道、富山ライトレール、万葉線、富山地方鉄道に就役したGT形を3車体全長27.2m、4扉として、かつ、車体幅を2.6mに拡幅したものである。

しかし、「フクラム」も日本式のワンマン運転であり、降車時に運転士が運賃を収受する。最後部車両から乗車すると、降車時には車内を20m近くも移動しなければならない。乗り降りはバ

図3-17　福井鉄道のGT形F1000形
わが国のGT形で唯一の3車体27mと長いが、運転士が運賃収受する。

リアフリーな低床車両だが、車内移動は大きなバリアであり、また、定員 155 人、満載なら 200 人は余裕をもって乗車できるが、最前部扉だけの降車は時間がかかる。ただ、鉄道区間の主な駅には駅員を配置しており、また、軌道区間の降車客の多い停留所にはラッシュ時には集札係員を配置して停車時間短縮に努めている。

2016（平成 27）年 3 月から福井鉄道はえちぜん鉄道と相互乗り入れを開始し、併せて福井駅前乗り場が福井駅西口広場まで延伸された。福井鉄道は「フクラム」を、えちぜん鉄道は「フクラム」の 2 車体バージョンの「ki-bo」を新造して直通運転に充当している。

これら一連の近代化と利便性向上事業は、福井鉄道が 2009 年に「地域公共交通の活性化及び再生に関する法律」に基づいて「鉄道事業再構築実施計画」の第 1 号認定を受けて実施されたもので、財政支援を沿線 3 市、県および国が行った。

この事業は、「鉄道再生＋LRT 化と本格的なトラムトレインの実現」や、「福井に日本初の本格的トラムトレインによる LRT が誕生」と言われている。確かに、路面電車新時代の到来を感じさせる事業だ。

「フクラム」とバスが同一平面で乗り換えができるように美しく整備された福井駅西口広場、路面電車の鉄道線への乗り入れ駅である田原町駅、鉄道線駅での「フクラム」とえちぜん鉄道列車のツー・ショット、いずれもスチール写真で見る限りでは素晴らしい LRT の光景だ。

ところが、全長 27m、定員 150 人の大形低床車が、降車時に

第3章　日本の路面電車の実態　—LRTになり切れなかった歴史—　*153*

運転士が運賃を収受する日本式ワンマン方式で運行するという、まさに、「新世代」と「旧世代」が渾然一体とした異様な光景を目の当たりにすると、運賃収受方式を早急に革新する必要を改めて痛感する。

3.3.5　4つの路面電車に共通する「不都合」　—乗降扉と運賃収受方式の不統一—

この4つの路面電車に日本の路面電車の悩める実態を見た。

運転士が運賃を収受するから乗り降りに時間がかかる。

ICカードが普及しているが、運転士が乗客一人一人について運賃の支払い、ICカードのタッチを監視している今の方式では、ICカードが普及しても運賃収受所要時間の短縮効果は僅少だ。

乗降扉が指定されていることによって、中心市街地でちょっと乗ってすぐ降りる場合や、ベビーカーを伴った利用などには車内移動は大きなバリアだ。

都心部に乗り入れる自動車を減らすためにパーク・アンド・ライドやバス・アンド・ライドを実施しようにも、小形車両では輸送力が不足する。

これらはすべて旧態依然とした運賃収受方式に原因がある。「セルフサービス方式」を採用すれば、これらの不都合はすべて解消する。

次の「不都合」は、現行の運賃収受方式の欠点を補うために路面電車事業者が行う「柔軟な対応」だ。

朝ラッシュ時間帯に限りICカード利用者は乗車扉から降車可

能、集札要員を派遣する時間帯に限って乗車扉からも降車可能、乗車客の多い停留所に限って係員を派遣して乗車前に地上で運賃収受を済ませるなど、停留所と時間帯によって乗降する扉や運賃収受の方式が異なる扱いが、この4つの路面電車で行われている。

こうした「乗降扉と運賃収受方式の不統一」は、わが国では日常茶飯だ。毎日利用する通勤通学客ならばともかく、「一見さん」は困惑する。

困惑は、ラッシュ時間帯に大形連接車の後の方に乗車して自分の降車停留所でも乗車扉からの降車OKを期待している時に、「次の○○には係員が居りませんのでお降りのお客様は一番前の扉をご利用下さい」との突然のアナウンスだ。「降りま～す」と乗客をかき分けて最前部の運賃箱へ辿り着くのに時間を要す。

「一見さん」には難解な扱いだが、実は、「乗せる側」は「乗客の利便性を第一に考えた柔軟な対応」だと説明する。しかし、この説明は、乗降客の多い停留所には係員を常駐・派遣して地上で係員が運賃を確実に収受し、乗降客の少ない停留所ではワンマン運転の原則の通りに運転士が運賃を収受するという「乗せる側」の理屈であって、「乗る側」にとっては「柔軟な対応」が原因で降車扉と運賃収受方法が「不統一」だから困惑する。

しかし、乗降客の多い停留所では「柔軟な対応」をせずに最前部扉での運転士1人による運賃収受では時間がかかってダイヤが維持できないという現実を、「乗せる側」はもちろん「乗る側」の「常連さん」は承知している。

この「乗せる側」の「特別な計らい」である「柔軟な対応」

第3章　日本の路面電車の実態　—LRTになり切れなかった歴史—　　*155*

も、この対応に対する「乗る側」の「一見さん」の「困惑」も、旧態依然とした運賃収受方式の所以である。

全扉一斉乗降が「乗る側」にも「乗せる側」にも良いことは「乗せる側」は先刻承知だ。

この「柔軟な対応」も「困惑」も、「セルフサービス方式」の採用で一気に雲散霧消する。

だが、「乗せる側」は、運賃収入の漏れを心配し、「正直者が馬鹿を見る」と言うであろう利用者をおもんばかって「セルフサービス方式」の採用はしないで、全扉で乗降の利便性に近い方法の案出に知恵を働かせることになる。

例えば、道路中央の併用軌道区間の停留所では現行のワンマン運転と同じく最前部で運転士が運賃を収受するが、新設軌道（いわゆる専用軌道）区間の停留所など自動改札機が設置できる停留所では自動改札機で運賃収受を行って、全扉一斉乗降をするというものだ。要は「柔軟な対応」を係員の臨時派遣ではなく機械化して常態にするというものだ。

自動改札機を設置した停留所での乗降客が大部分である路線では、大多数の乗客が全扉一斉乗降の利便性を享受できるから、「不統一」があっても許容される、という多数決の理論である。

しかし、この方法では「乗降扉と運賃収受方式の不統一」が解消される訳ではない。

同じ運転区間に乗降扉と運賃収受方式の「不統一」が生じるのは良くない。堂々と正面から「セルフサービス方式」の採用に踏み切るべきだ。

バスだけで都市交通を立派に担っているブラジルのクリチバの

幹線系統には3車体連接の高床バスを用いて、すべての停留所は
バスの床面と面一の高床ホームで、ホーム入り口の改札機で運賃
収受を行っており、全扉で一斉乗降する。クリチバには「セルフ
サービス方式」は無いが、乗降扉と運賃収受方法は統一されてお
り「不統一」はない。東京都電荒川線ならばすべての停留所に改
札機を設置するクリチバ幹線バス方式も可能であろう。

　公共交通は不特定多数の人が利用するから、「一見さん」にこ
そ分かりやすいことが肝要だ。「不統一」に慣れた通勤・通学な
どの「常連」だけを相手にしていては進歩は無い。

第4章　理想の運賃収受方式を探る

4.1　利便性か完全な運賃収受か

4.1.1　ヨーロッパの異端　車掌乗務の路面電車

　半世紀前にスイスのチューリヒで始まった「セルフサービス方式」は、1970年代の初めまでに西ドイツ、オーストリア、オランダ、ベルギーなどに普及した。

　この結果、路面電車は、「利便性の高い、しかも、ワンマン運転の中量輸送システム」に変身した。

　こうした状況に触発されて、1980年代半ばからアメリカ、フランス、イギリス、スペインなどの諸国も、都市交通政策を路面電車活用に転換し、路面電車の復活や新設、既存路面電車の近代化が始まった。路面電車都市メルボルンを擁するオーストラリアも復活や既存路面電車の近代化が行われた。

　アジアでも1988年に香港の新界地区に新設されたほか、2017年には中華民国（台湾）の高雄に新設された。

　これらの路面電車は、当然ながら運賃収受には「セルフサービス方式」を採用した。まさに、「セルフサービス方式」は路面電車の運賃収受方式のグローバル・スタンダードだ。

　こうした世界の大勢の中で、「セルフサービス方式」を採用していない車掌乗務の路面電車は、わが国だけではなく外国にもある。

　車掌が乗務する異端の路面電車は、イギリスのシェフィール

ド、ブラックプール、そして、オランダのアムステルダムに走っている。

①イギリス

イギリスでも路面電車が再評価されて、マンチェスター（1992年）、シェフィールド（1994年）、バーミンガム（1999年）、大ロンドンの南部のクロイドン（2000年）、ノッティンガム（2004年）に復活し、戦後も存続していたブラックプールは2012年に旧型車両を5車体連接の新型低床車に置換えた。

このうち、マンチェスター、シェフィールド、クロイドンは当初から「セルフサービス方式」で開業した。しかし、シェフィールドはバンダリズム（破壊行為）による停留所の券売機破壊と無札乗車が横行したことから、開業2年後の1996（平成8）年に

図4-1　ノッティンガムに復活した路面電車
車両は「インチェントロ」長さ33m。開業から12年間2016年までは車掌が乗務していたが「セルフサービス方式」に切り替えた。

「セルフサービス方式」を止めて車掌乗務に切り替えた。

バーミンガムとノッティンガムはシェフィールドの事例を重視し「停留所に券売機を設置すると破壊されるおそれがある」として当初から車内秩序維持を兼ねた警察官のような制服を着用した車掌がバーミンガムは1人、ノッティンガムは2〜3人のチームで乗務していたが、両市とも2016（平成28）年から「セ

図 4-2　車内改札の様子
車掌が乗務していた頃の改札・出札風景。中央の女性が車掌。

図 4-3　車掌が乗務しているブラックプール市電
車両は「インチェントロ」長さ32mに4扉と少ないのは運賃収受を確実に行うためか。

160

ルフサービス方式」を採用し、車掌の乗務を廃止した。

　ブラックプールは旧式の小形車両時代にはわが国と同様に運転士が運賃を収受するワンマン運転だったが、長さ 32.2m、4 扉の新形低床車に置換えると同時に車掌乗務に変更した。車掌は 1〜2 人で秩序維持を兼ねて車内を巡回し、改札しながら無札者には発券する。

　これらイギリスの車掌乗務の路面電車は、長さ 30m 程度の大形車の場合には複数の車掌が乗務し、車内を巡回移動して発券と改札を行うことにより、全扉乗降の利便性は確保している。

②オランダ：アムステルダム

　アムステルダムは 1970（昭和 45）年に「パッセンジャーフロー方式」から「セルフサービス方式」に切り替えた。しかし、1980 年代の初めから無札乗車による運賃収入の減少が深刻化し、車内改札を強化したが 1989 年時点の無札乗車率は 17% にも達すると推定された。この対策として 1991（平成 3）年から車掌乗務の復活を決断した。

　かつて「パッセンジャーフロー方式」を実施していた車両の車掌カウンターを急遽復活させ、全部で 17 系統のうちの 11 系統を「パッセンジャーフロー方式」に戻した。

　オランダは「寛容の国」と言われる。オランダの「コーヒーショップ」は、喫茶店ではなく合法のソフトドラッグ（マリファナなど）を吸う場所であり販売する店だ。

　ソフトドラッグを合法にした政策はオランダの「寛容」と「合理」の精神の表れであると言われる。

　しかし、いくら「寛容」と「合理」とは言っても、無賃乗車の

追徴金を支払わない者が増え、また、3車体連接車の中間の低床車にドラッグの中毒患者がたむろする事態になり、改札員や乗務員への暴力沙汰も頻発した。

車内の秩序維持のために当局は、車掌乗務復活のほかに車内の様子が車外からよく見える大きな窓の低床車への取り換え、派手な車体ペイントを止めてクールなカラーデザインにすることを決めた。

「コンビーノ」の5車体連接、長さ29.2mが選定され2001（平成13）年から白と青の清楚な落ち着いたカラーに装われた155編成が就役した。

155編成のうち片運転台仕様の151編成は「車掌定位置乗務・乗降扉指定」（「パッセンジャーフロー方式」に似ている）で運行しており、前から4つ目の車体に車掌ブース（約1.4×1.2m）が設置されている。

図4-4　車掌が乗務しているアムステルダム市電の「コンビーノ」（片運転台仕様車）
長さ29.2m、乗車扉2つ、降車扉3つ。

最前部扉（幅 650mm）と後ろ寄りの中間扉（幅 1,300mm。車掌ブースの前）が乗車用、運転士と車掌が乗車券（「OV-Chipkaart」という名称の IC カード）を販売する。最前部の扉は狭く、切符を購入する人も居るから乗車に手間取る。後ろ寄りの中間扉は 2 列乗車が可能だが乗車するとすぐ目の前には車掌ブースが鎮座しており、車掌ブースの周囲は狭いから、切符購入客もあって乗車客の多い停留所では、乗車に時間がかかる。乗務員（運転士と車掌）は、発券は行うが改札はせず、乗客自らが改札（乗車券をカードリーダにタッチ）する。車掌の役目は乗車券販売と改札（タッチ）の監視だ。

図 4-5　アムステルダム市電の「コンビーノ」(車内)
車内に鎮座する大きな車掌ブース。

　前寄りの中間扉（1,300mm）の 2 つと最後部の扉（650mm）が降車用である。多客時は降車用扉への車内移動が難儀だ。降車用扉からの乗車を阻止するために外向きだけ開く小さなスイングドアが設置されているが、これが何とも物々しい。かつての「パッセンジャーフロー方式」の時代にもアムステルダムでは、降車用の扉には乗車を阻止するスイングドアを設置していた。

　「コンビーノ」155 編成のうち 4 編成は両運転台仕様で第 5 系統専用である。両運転台仕様の車両には車掌ブースを 2 つ設ける必要があるが、後ろのブースしか使わないので、常に前寄りの 1 つはデッドスペースになってしまうことから、両運転台仕様の 5

図 4-6 車掌が乗務しているアムステルダム市電「コンビーノ」車内
(左上) 降車扉には乗車を阻止するスイングドア。
(右上) 降車扉車内側。外向きだけに開くスイングドア。
(左下) 降車扉の周りはスイングドアと仕切板が出張っていて狭苦しい。
(右下) 扉脇に設置の IC カードリーダ。乗車時と降車時にタッチする。

編成は「セルフサービス方式」で運行している。

　また、従来からの旧型3車体連接車（全長26m）も82編成（うち20編成は両運転台・中間低床、25編成は片運転台・中間低床、37編成は高床の片運転台）が外板塗色をコンビーノと同

じ白と青に統一され、「セルフサービス方式」で活躍している。

旧型車を「セルフサービス方式」で運行する理由は、その82編成のうち中間に低床車を挿入した部分低床の45編成は、全扉で乗り降り可能にしなければ折角の低床車が活かせないからである。「セルフサービス方式ならば部分低床車でバリアフリー達成」という「セルフサービス方式」の効能を活かした措置だ。

このように、アムステルダムの路面電車には2つの運賃収受方式が併存している。「セルフサービス方式」では無札乗車が多くて運賃収入の漏れが大きいとして車掌乗務を復活したのだが、実際には「利便性への影響はなるべく少なく」という方針のようだ。

この方針によって、全237編成のうち151編成は「車掌定位置乗務・乗降扉指定」で、残り86編成は「セルフサービス方式」で運行している。全編成の3分の1以上が「セルフサービス方式」で運行していることになる。

そこで、アムステルダムでは、「セルフサービス方式」でも確実に運賃を収受するためのルールをつくった。

それは、「車掌定位置乗務・乗降扉指定」の電車でも「セルフサービス方式」の電車でも、乗車時と降車時に車内扉脇にあるカードリーダに乗客が乗車券（ICカード）をタッチするルールである。

たとえ24時間券（本日中有効ではなく使用開始時刻から24時間有効。諸外国は時間制が多い。これも利便性第一の考え方）の場合でも、最初の乗車時だけではなく乗車と降車の度に毎回タッチする。

乗車時にタッチすると「ピッ」と音が出て緑色のランプが点灯し、降車時にタッチすると「ピッピッ」と音が出る。乗車時のタッチを「チェックイン」、降車時のタッチを「チェックアウト」と呼んでいる。

「車掌定位置乗務・乗降扉指定」の電車でも「セルフサービス方式」の電車でも、乗り降りする際にはタッチする、このタッチの動作と発する音を乗客の相互監視にするという仕組みである。

タッチする動作と音による相互監視は、「セルフサービス方式」での無札乗車抑止の原点である。アムステルダムの「乗る時も降りる時もタッチ」は不正乗車抑止策として有効であり、わが国での「セルフサービス方式」採用にあたって大いに参考になる。

アムステルダムでは、2つの運賃収受方式の利便性の違いを体

図 4-7　アムステルダム市電「コンビーノ」の降車用扉
「乗車不可。乗車扉はあっち」の標示。乗車扉（写真奥の方）は混雑。

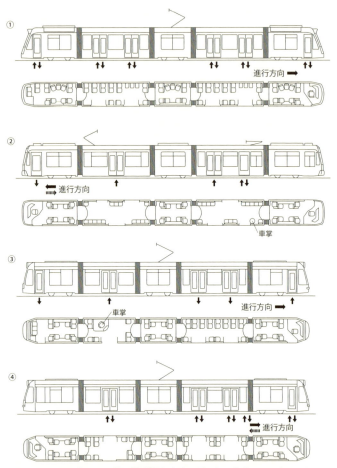

図 4-8 コンビーノ 4 態（標準型（ポツダム）、広島バージョンとアムステルダムバージョン）

①標準型（ポツダム。片運転台）「セルフサービス方式」。
②広島電鉄バージョン（両運転台）車掌乗務。
③アムステルダム市電バージョン（片運転台）車掌ブースに車掌乗務。
④アムステルダム市電バージョン（両運転台）「セルフサービス方式」。

験できる訳だが、「パッセンジャーフロー方式」に似た「車掌定位置乗務・乗降扉指定」は、乗車扉が2か所しかないので乗車に時間がかかり、降りる時の降車扉までの車内移動が難儀だ。「速くて便利」とは言えず、現代の感覚には合わない。

ヨーロッパでは、やはり異端の路面電車だ。同じオランダの都市でも、ロッテルダムやハーグの路面電車は、すべて「セルフサービス方式」で運行している。

4.1.2 進まない「セルフサービス方式」の採用

運転士が運賃を収受するわが国のワンマン運転方式は、1954（昭和29）年に名古屋市電で始まった。それから60年余りもの長期間にわたってこの方式が続いている。

この間、1970年代の初めには西ヨーロッパの主要国には「セルフサービス方式」が普及し、1980年代以降にグローバル・ス

図4-9　宇都宮駅前のLRT建設のPR大看板
長さ45m、定員300人のストラスブール市電の写真。

タンダードになった。

　路線長 15km におよぶ路面電車路線を新設する宇都宮ライトレールは 2016（平成 28）年に国土交通大臣から事業が認可された。すでに、運行ダイヤの概要と所要車両数が発表されており、導入する車両の選定も終えたようだ。

　JR 宇都宮駅前に宇都宮ライトレールの PR 大看板が立っている。フランスのストラスブールの最新型路面電車の写真に「LRT がまちをかえる」のスローガンが添えられて、この事業が単なる路面電車新設事業ではなく「まちづくり」を行う事業であることを PR している。この写真の電車は、2006 年に導入された 7 車体連接の全長 45m、扉 8 か所、定員 300 人の大形だ。当然ながらストラスブールの路面電車は「セルフサービス方式」を採用している。

　路面電車の場合は運賃収受方式が決まらないと表定速度が定まらず、したがって、運行ダイヤは定まらない。宇都宮ライトレールの運行ダイヤの計画概要は公表されているから、採用する運賃収受方式はすでに決まっているものと推定される。路線規模と輸送規模から見て、また、21 世紀に開業する路面電車であることから「セルフサービス方式」の採用は当然であろう。

　わが国に「セルフサービス方式」の路面電車が実現すれば喜ばしい限りだが、ヨーロッパに遅れること実に半世紀、まさに「周回遅れ」だ。

①50 年前の「セルフサービス方式」紹介記事

　西ドイツを中心とした今次大戦後のヨーロッパの路面電車活用策に注目して研究していた小林茂氏（故人。元東武鉄道電気技術

者）は、ヨーロッパ路面電車の最新情報を 1960 年代にいくつか
の論稿で発信している。

　その一つ、『世界の鉄道 1964 年版　路面電車特集』（朝日新聞
社、1963（昭和 38）年 9 月発行）の「外国の路面電車」と題す
る論稿では、第 1 章で「路面電車は消えてゆく」とわが国の現状
を述べ、「路面電車は時代おくれといわれている。欧米の大都市
では、もうぜんぜん走っていないそうだ。しかし、調べてみる
と、ミラノのスカラ座や、ウイーンのオペラ座の前にも、ハイデ
ルベルグの石だたみの道にも電車はいまも盛んに走っている」。

　ついで第 2 章「ヨーロッパは花園」のタイトルで「都市の交通
政策として、路面電車を活用する方針がとられているところが多
く、路面電車を運転している都市や町がたくさんある。路面電車
は、都市に彩りをそえている。そのはなやかさは、ちょうど、百
花咲きそうな花園を思わせるようだ」、そして、第 3 章以下の
「三つの近代型路面電車」「夢を連接車にのせて」「はしれ！　路
面電車」「路面電車でゆこう」「路面電車新時代」で、ヨーロッパ
各国の路面電車活用策を紹介している。最後は、「近代型路面電
車の快適さを十分知っているヨーロッパの市民はしあわせであ
る」と結んでいる。惚れ惚れする美しいスタイルの「近代型路面
電車」の側面図が 4 つ添付されている。西ドイツの 3 車体連接車
デュヴァグカー（デュッセルドルフ・ラインバーン No.2310、全
長 26.1m）、オランダの 3 車体連接車（アムステルダム No.641、
全長 23.4m）、ベルギーの 2 車体連接車 PCC カー（ブラッセル
No.7501、全長 20.8m）、スイスの 3 車体連接車（チューリヒ
No.1801、全長 20.2m）の 4 形式で当時のヨーロッパの路面電車

170

の代表だ。これらの電車は、当時は「パッセンジャーフロー方式」の運賃収受を行っていた。

「セルフサービス方式」の運賃収受がスイスについで西ドイツで採用されると、小林氏はすぐさま紹介している。

鉄道専門誌『鉄道ピクトリアル』（月刊。(株)電気車研究会発行）の 1968（昭和 43）年 7 月号から半年間にわたって連載された「躍進する西ドイツの路面電車」の中で紹介している。戦後の西ドイツの路面電車政策を車両の変遷を中心に解説したもので、連載第 1 回目の「ワンマン連接車作戦」の項で「セルフサービス方式」の運賃収受を紹介している。

「この方式は先ずスイスで実用化され、西ドイツでもいち早く導入された。それは、車掌の仕事のうち、料金に関する部分を機械化した『乗車券消印機——チケットキャンセリングマシン』で、乗ってきた乗客が、持っている乗車券を入口付近に取り付けたこの機械に差し込んで、使用済みの刻印を押すセルフサービス用の機械である。『キャンセラー方式』[注]は、ミュンヘンに続いてケルンでも、デュッセルドルフでも採用され、他の都市にも急速に普及し始めている」と述べている。

続いて、「専用軌道、地下路面電車、チケットキャンセラー、連接電車、これらは近代化を強力に推進している西ドイツの路面電車の 4 本の柱であり、速くて安全、便利で快適な乗り物として、市民に愛される大きな理由となっている。わが国では、都市

[注] キャンセラー方式：「セルフサービス方式」のことだが、この論稿が元になりわが国では「キャンセラー方式」あるいは「チケットキャンセラー方式」とも呼ばれる。第 2 章 1.5 参照。

路面電車が役目を果たして（？）消えてゆくというのに、西ドイツの路面電車は、これからもなお、市民の足として、更に躍進を続けることを約束している。そこでは路面電車は街の中を走る素敵な乗り物としての魅力を今も持ち続けている。そして、その便利さと快適な乗り心地を肌に感じている市民は、決して路面電車を見捨てないだろう」と締めくくっている。

　西ドイツの路面電車は、専用軌道、高性能車、連接車、セルフサービス方式、地下路面電車と、次々と新しい方式を考え出して採用し近代化された。その結果、その時代の乗り物としての魅力と機能を維持し続けている。高性能車の投入だけではだめだ、一連の総合的な施策、システム全体の改善が必要だとこの論稿は訴えている。

　この論稿に触発されて筆者らは、1970（昭和 45）年 10 月に西ドイツ、スイス、オランダ、ベルギー、オーストリアなどの都市で「セルフサービス方式」の採用によって都市交通システムとしての存在感を増した路面電車の実態を調査し、そのレポート（「新時代の路面電車」柚原誠、清水武、藤野政明の協同執筆）を『世界の鉄道 1973 年版』（朝日新聞社、1972（昭和 47）年 10 月）に掲載した。

　「セルフサービスによるワンマン化」の項では、「セルフサービスを乗客に要求し、ワンマン化したにもかかわらず、乗客はかえって利用しやすくなり、その上停車時分の短縮で表定速度が向上し、利用者は増加し、増収が図られた。スイスは今、当初見込み通りの成果を挙げているのである。定員 300 人を超え、全長 40m を超える列車、しかもワンマン運転の列車が、全くスムー

ズに運行されているのは驚異という他はない』、そして、「路面電車を育てる土壌」の項では『都市交通機関の経営は苦しいのが実情で、国や地方自治体の財政支援を受けている。こうしたことが可能になるためには、公共交通機関に対する市民の認識、たとえ赤字であっても、その（市民の移動）機能を維持するための社会費用が最も低くてすむことに対する同意が存在することが前提になっている。個々人の移動に対する欲求を最も端的に反映し得るのはマイカーであり、これに勝るものはない。いかに路面電車やバスが、マイカーより単位面積当たりの輸送効率が優れているといっても、それだけでは説得力が乏しい。地域社会全体の意志として、交通手段選択に際しての禁欲的態度が確立していなくてはならないのではないか」と報告した。

②不埒千万な情報「セルフサービス方式＝タダ乗り可能方式」

「セルフサービス方式」は、前述のように 1968（昭和 43）年にわが国の鉄道誌に紹介されている。しかし、その後発刊された海外旅行ガイドや、新聞紙上の特派員報告に、「セルフサービス方式は、タダ乗り可能方式」と読める「紹介記事」が載ることはあっても、この運賃収受方式の意義や効果の解説はほとんどなされなかった。

1959（昭和 34）年に始まったラジオ放送『（兼高かおる）世界飛び歩き』後のテレビ番組『兼高かおる世界の旅』や、フルブライト留学生だった小田実の世界旅行記『何でも見てやろう』（1961（昭和 36）年）、東京オリンピックの開催と同時に海外旅行の自由化（1964（昭和 39）年）、旅行案内『ブルーガイド海外版』の創刊（1965（昭和 40）年）、そして、「遠い地平線が消え

て、ふかぶかとした夜の闇に体を休めるとき、はるか雲海の上を音もなく流れ去る気流は、たゆみない宇宙の営みを告げています」というナレーションで始まる深夜ラジオ番組『ジェットストリーム』によって、1960年代中頃から海外旅行ブームが起こった。

1970年代にはジャンボジェット機の登場によってツアー料金が安くなり、70年代後半からは格安航空券が出回り始めた。団体旅行だけではなく個人旅行も増えて個人旅行者向けに、公共交通機関の乗り方案内が海外旅行ガイドブックに載るようになった。

1980（昭和55）年に発行された『ブルーガイド海外版』（実業之日本社）の「スイス、オーストリア編」の「交通機関と利用方法」の項には、こんな記述がある。

「最近ヨーロッパも人員不足なのか、セルフサービスの乗り物が多くなった。とくに市電、バスなどでは切符を買うということは乗る人の良識にまかせている場合がほとんどであるから（時折り改札があるようだが）タダ乗りしようと思えばいつでもできる。といって、"俺はチューリッヒの市電、バスは全部タダで乗ったよ"などという人間にはなりたくない。見つかった場合は多額の追徴金をとられる」

また、1995（平成7）年に有力地方紙の「海外特派員リポート」にアムステルダムからの報告『麻薬も文化に思えた』に、路面電車タダ乗りの体験が掲載された。

「アムステルダムのカフェでは麻薬の一種マリファナが自由に買える。駅前通りの商店では、絵葉書の中にポルノ写真が交じっ

ていた。アムステルダムでもハーグでも、路面電車が網の目のように走っていてとても利用しやすい。最初切符を買って乗ったが、ワンマン運転手１人でチェックなし。乗客も切符を持っている風がない。試しに無賃乗車をしてみたが、問題無し。時々改札があり、切符がないと百倍の罰金を取られると後で聞いたが、ここではただ乗りが癖になりそうだ。麻薬、ポルノ、無賃乗車……、日本なら「不道徳」と非難されそうだが、この美しい国では「自由」や「文化」に思えるから不思議だ」

　後日、この記事に対する反論『無賃乗車が文化とは』が同紙の読者投書欄に載った。

　「『特派員リポート』のアムステルダム発を読んであぜんとした。（中略）欧州では多くの都市で路面電車が活躍しているが、運転士は切符のチェックをしない。乗客はあらかじめ正当な乗車券を買ってから乗車するという前提である。この方式はすべての扉で一斉に乗降ができるから停車時間は短く、また、何両連結でもワンマン運転ができるから、輸送力は大きく平均速度は高くなる。従って、多額の建設費を要する地下鉄や新交通システムの建設をやめて路面電車で済ますことができ、市民の負担は軽くなる。この「セルフサービス方式」の維持は、市民のメリットになるとの認識で市民は協力している。こうした信頼を基にした方式は、チェックがないからといって、ただ乗りが癖になるようなものがいる国では成立しない。事実、先進国の中でわが国だけがセルフサービス方式を導入していない。日本人は乗務員の監視無しでは電車賃も払えない社会性の無い人種なのか。このレポートはオランダの市民に対して失礼だ」

旅行ガイドブックと新聞のこれら2つの記事は、「セルフサービス方式」の意義と目的、乗車方法については何の解説もしていない。1日券の利用者は最初の乗車の時だけ消印し、定期券の利用者は消印をしないから、それらを無札乗車と決めつけているのであろうが、勉強不足も甚だしい。これらの記事は、タダ乗りしても滅多に捕まらないからとタダ乗りを勧めているようなものだ。

こうした不埒千万な有害情報によって、「セルフサービス方式＝タダ乗り方式」というイメージがわが国に定着してしまった。

アムステルダム市電は1970（昭和45）年にセルフサービス方式を導入したが、港街のアムステルダムにはオランダ語が分からない外国人が多く訪れるせいか無札乗車が増えて、前述（第4章1.1の②）のように残念なことに、1991（平成3）年に車掌の乗務を再開した。

③「セルフサービス方式」採用の機会は活かされなかった

新しい路面電車車両を開発する時や「セルフサービス方式」が前提で設計された車両を輸入する時は、「セルフサービス方式」を採用する貴重な機会だった。

最初の機会は、「軽快電車」開発の時（1978（昭和53）〜1981（昭和56）年）だ。

風靡した路面電車不要論と大都市での路面電車廃止とともに、わが国の路面電車の近代化は停滞した。

こうした中、（社）日本鉄道技術協会は、「わが国の電車製造技術は、高速大量輸送の分野では先進諸国を凌駕すると言ってもよいが、路面電車の分野では、20年以上の技術の空白があり、ま

た、この分野には高速大量輸送用の技術をそのまま応用できない独特な部分が沢山ある」(同協会の『軽快電車の構成要素の開発研究報告書』(昭和54（1979）年3月)) として、新しい高性能路面電車を、特に「軽快電車」と名付けてその構成要素である主要部分の研究開発委員会を設けた。

　開発委員会メンバーの曽根悟氏（工博・東京大学工学部助教授＝当時。現東京大学名誉教授）が、論稿「開発中の軽快電車とは　開発私案」(『鉄道ピクトリアル』357号1979年1月) で「軽快電車」を開発する目的を解説している。この中の「のろい路面電車からはやい軽快電車へ」の項で、「表定速度を上げる方法は三つある。乗降時間を短くする、無駄な停車時間を短くする、加速度・減速度を高くする。軽快電車は欲張ってこの総てをねらっている。乗降時間短縮の最終的な姿は、スイスなどに見られるように、広いドアを多数設け一斉に乗降することである。このためには運賃支払いに関する動作と乗降の動作を完全に分離することが望ましく、予め停留所でキップを買っておいて乗降はノーチェックというのがよいであろう。このように乗降の制度を変えることまでは、今回のプロジェクトには含まれていないが、そのようになった時に、十分対応可能な車両にしておこうという設計方針である」と述べている。

　このように委員会メンバーの中には路面電車のあるべき姿を具現しようという考え方があったが、「主要部分を研究開発する」という委員会設置の目的の通りに、車両の構成要素の中の台車や駆動装置を中心とした主要部分の開発だけに終わった。

　この研究開発成果を採り入れた高性能車両が長崎電気軌道

第4章　理想の運賃収受方式を探る　*177*

（2000 形）と広島電鉄（3500 形）そして熊本市電（8200 形）に就役し車両の近代化は進んだが、運賃収受方式の革新はこの時も劣後されて、路面電車システムとしての改良はされなかった。

　次の機会は、ドイツ製の低床車 GT 形 2 車体連接車が熊本市電に導入された時（1997（平成 9）年）、同じくドイツ製の 5 車体連接車「コンビーノ」が広島電鉄に導入された時（2000（平成 12）年）だ。

　すでに、国は都市交通システムとして路面電車の活用を目指して各種の助成制度も創設し、低床車の導入に向けて国、学識経験者、路面電車事業者、メーカーなどのメンバーによってヨーロッパのライトレールシステム実態研究や導入車両の選択などについての検討が事前に重ねられていた。検討会などでは、ライトレールシステムのイメージ像の一つは「到達時間の速いシステム」であり、それの要件の一つが「乗降時間短縮」で、その技術要素は「運賃収受システム改善」であることが示された。そして、「欧米諸国の路面電車、ライトレールシステムの共通した重要な特徴として、乗客信用方式の運賃収受システム（筆者注。「セルフサービス方式」のこと）が挙げられる。このシステムは、路面電車、ライトレールシステムのみならず、バスにおいても採用されている。このシステムの長所は、全てのドアを使用した同時乗降が可能であり、乗降時間の大幅な短縮が実現され表定速度の改善に大きな貢献をもたらすことである」と述べている。

　「セルフサービス方式」のワンマン運転仕様のドイツ製車両の導入は、「セルフサービス方式」を採り入れる機会であった。

　しかも、この車両が就役する前年にタイミングよく通達が改正

されて連接車・連結車のワンマン運転が可能になった。

　路面電車のワンマン運転は、軌道運転規則第90条「車両を出発させるには、車掌の出発合図によらなければならない。但し、特に車掌を省略できる設備をした車両については、この限りでない」とあり、但し書きの「特に車掌を省略することができる設備をした車両」の構造、運転取扱い等については通達「車掌を省略する車両の構造、運転取扱い等について」（運輸省・建設省共管、1967（昭和42）年）で定められていた。名古屋市電に始まった方式をベースにした内容で、その後に全国に普及したワンマン運転は、この通達に適合した車両の構造と取扱いで実施してきた。この通達では連結車、連接車についてはワンマン運転を認めていなかった。しかし、熊本市電に2車体連接の低床車が導入される前年の1996（平成7）年に、この新しい通達が発せられ、連結車・連接車でも連結、連接部分に貫通口及び貫通路を設けるなどすれば、車掌の省略（つまりワンマン運転）が可能になった。

　この通達改正にあたっては、運輸省（当時、現：国土交通省）の指導で名古屋鉄道岐阜市内線などいくつかの路面電車事業者の路線で、営業車による連接車のワンマン運転の試行が行われた。この試行の目的は、連結車・連接車の後部車両での旅客の乗降時の安全が十分に確認できるかどうかが中心だった。旅客の安全はモニタ画面等で確認できることは実証されたが、問題は運賃収受だった。収容力の多い大形車のために運賃収受に時間がかかり、また、乗車扉から最前部の降車扉まで旅客の車内移動距離が長くなり不便になったため、朝のラッシュ時間帯には主要な停留所には運賃収受の地上要員が必要だった。

さて、この連結車、連接車のワンマン解禁は、「連結、連接部分に貫通口及び貫通路を設けるなどすれば、車掌の省略（つまりワンマン運転）が可能」という内容である。これは、火災発生等の非常事態に連結・連接している隣の車両に避難を可能にするため、あるいは、車掌が乗務していない非貫通の車両での事件等に備えて、貫通口及び貫通路を必要としたものだ。

しかし、「連結、連接部分に貫通口及び貫通路を設けるなどすれば、車掌の省略（つまりワンマン運転）が可能」は、運転士が運賃を収受するという前提での規制の緩和とも読める。

かつて、ヨーロッパでは車内が貫通していれば大きな車両でも「パッセンジャーフロ方式」が可能として、長さ 26m、定員 250 人の連接車が盛んに使われた。

しかし、わが国のワンマン運転方式での連結車、連接車のワンマン運転解禁は事柄が異なる。確かに、車内が貫通していれば後部車両の乗客も運転士に運賃を支払うことはできるから、わが国のワンマン方式でも成立はするが、そもそも、連接車は大量輸送のために運用している大形車であるので、運賃収受に時間がかかってしまい、ラッシュ時には補助の要員が必要となるのは自明だ。

熊本市電の GT 形は、連接車のワンマン運転が可能になったが、車掌乗務が前提の仕様で製作されており、営業開始当初からツーマン運転が続き現在もワンマン運転は実施していない。GT 形と長さがほぼ同じ 18m の既存の連接車には車掌が乗務していることに合わせた措置であるが、一つの見識である。

標準仕様の GT 形は、2 車体タイプの場合は 3 扉であるが、既

存の長さ 12〜13m のボギー車にあわせて 2 扉とし、また、車体
幅 2.35m の場合は標準仕様ではクロス座席は横方向に 2＋1 の配
置で通路幅が 600mm だが、これでは通路が狭くワンマン運転の
場合には車内移動が窮屈であるとの理由で 1＋1 の配置とした。
この結果、座席定員は 24 人／編成となり標準仕様より 6 人減っ
た。

　GT 形は、その後に岡山電気軌道や富山ライトレールなどに 2
車体連接形が、さらには、福井鉄道には全長 27.2m の 3 車体連
接形が就役したが、いずれも、通達の改正で解禁されたワンマン
運転を行っているが、運転士が運賃を収受する在来方式のまま
だ。

　広島電鉄に就役した 5 車体連接車「コンビーノ」の車体長さは
「コンビーノ」標準仕様の 30.5m のままで、軌道運転規則第 48
条の「連結した車両の全長は 30m 以内」を超えているが、設計
変更することなく輸入された。

　ただし、「セルフサービス方式」は同時に輸入（採用）される
ことはなく、また、扉配置と扉数は「コンビーノ」の標準仕様で
はなく、広島電鉄の車掌が乗務している既存連接車と同じ扉配置
と数に設計変更し、乗降扉指定で運転士と車掌が運賃を収受する
在来方式を採用して今日に至っている。「コンビーノ」の後継車
である国産の 5 車体連接低床車も車掌が乗務している。

　軽快電車という新しい路面電車を開発する時、そして、「セル
フサービス方式」が前提で設計された外国製の路面電車を導入す
る時、さらには、連結車・連接車のワンマン運転が合法になった
時、いずれの時も「セルフサービス方式」を採用する絶好の機会

だった。

「セルフサービス方式」を採用する機会なのにその検討はその都度劣後されて、路面電車システムとしての改良は手つかずのまま放置された。機会を活かすことなく、利用者に不便を強いて、路面電車の持てる実力を発揮させないようにしているわが国の状況は極めて残念だ。

4.1.3 「東は東、西は西」でよいのか

車両自体は「現代式」だが、肝心な運賃収受の方式が「レトロ」なわが国の路面電車は、残念ながら利便性の低い「レトロ」な輸送システムだ。

こうしたわが国の路面電車の状況を、「東は東、西は西」と考える向きがある。

曰く、「ヨーロッパのようにすべきという論調があるが、独立採算を続けてきたわが国の路面電車運営のノウハウ、それにあわせたハードは世界に誇ることができる。ヨーロッパとは違う日本モデルの路面電車システムだ」と。

だが、半世紀以上も前にヨーロッパ諸国が採用した運賃収受方式をいまだに採用せず、旧態依然とした方式にこだわり、その結果、利便性が低く、廃線してもバスに代替できる程度の小さい輸送力しか持ち合わせないわが国の路面電車の現状を、「東は東」と放置しておいて良いはずが無い。

「ヨーロッパとは違う日本モデル」と「ヨーロッパモデル」のいずれが「人に優しい、環境に優しい」のか、利用者にとって利便性が高いのはどちらか、公共交通としてはどちらであるべきな

のか。

　ある路面電車事業者の WEB ページの「よくある質問」欄の Q
& A 形式での乗車方法案内を見てみよう。電車は長さ 13m 扉 2
か所で前乗り後降り、定員 60 人の小形だ。乗降場と電車床面に
段差がほとんどなくベビーカーの利用も多い。

　Q：ベビーカーに子供をのせたまま乗りたいのですが。

　A：ベビーカーに子供をのせたままご乗車いただけます。

　　※ベビーカーを折りたたんでのご乗車をお願いする場合が
　　　ございます。（下記【ご乗車のご注意】をご確認くださ
　　　い）

【ご乗車のご注意】

（ご乗車の手順）

1　乗車は前扉からとなりますので、停留所では乗車口で
　お待ちください。お申し付けがあれば、後扉からもご乗
　車できます。

（ご乗車時の注意）

1　次の場合は、折りたたんでのご利用となります。

(1)　朝夕のラッシュ時など車内が混雑している時

(2)　ベビーカーが 2 台乗車されている時（お子様を乗せた
　　ままのご利用は、同時に 2 台までとさせていただきま
　　す。）

(3)　車いすをご利用のお客様が乗車されている時（既にベ
　　ビーカーでご乗車の場合でも車いすをご利用のお客様
　　を優先させていただきます）

2　車内の通路をふさぐ、車内で転回できないベビーカー

をご利用の際は、ご乗車をご遠慮いただく場合がござい
ます。(2人のりや大型のベビーカーで折りたたむことが
できない場合)

Q：車内が混雑している場合、前扉から下車できますか？

A：前乗りとなっており、前扉から下車しますと、乗車しよ
うとするお客様とぶつかってしまうなど、大変危険なた
め、後扉からの下車をおねがいします。

　こうしたＱ＆Ａが、「よくある質問」欄に載っているのは、実
際に質問が多いか、あるいは、利用者から要望や苦情が出るであ
ろうと路面電車事業者側が認識しているからだ。このＱ＆Ａは、
わが国の運賃収受方式に特有の利便性の低さを象徴している。

　「ベビーカーに子供をのせたままご乗車いただけます」と言っ
たすぐ後に、そうは行かない場合をいっぱい羅列している。確か
に小さな電車では致し方ないだろう。

　さらに、「ベビーカーを伴った場合は後ろの扉から乗車したい」
「混雑していて降車扉へ行けない時は近い乗車扉から下車したい」
という悲痛で切実な要望に対して、「お申し付けがあれば、後扉
からもご乗車できます」や「(2人乗りや大型のベビーカーなど
で折りたたむことができない場合で) 通路をふさぐ、車内で転回
できない場合は、ご乗車をご遠慮いただく」、「前乗りとなってお
り、前扉から下車しますと、乗車しようとするお客様とぶつかっ
てしまうため」という回答は、確かに間違いではなく、現状では
こうした回答をせざるを得ないとも言える。しかし、この優しさ
の感じられない回答は、「人に優しい、環境に優しい」を標榜す

る路面電車の乗車方法に関する質問の回答とは到底理解し難い。

地球上で多くの人が当たり前に享受している路面電車の利便性を、わが国民は享受できない。このような「ヨーロッパとは違う日本モデル」でよいのか。

これらの要望に応えるには「セルフサービス方式」の採用のほかに途は無い。

ほかに途があるとすれば、それは、各扉に車掌を乗務させることだ。その結果、輸送コストが嵩む。このコストは誰が負担するのか。

前述（第4章の1.1②）のように、不正乗車を防ぐために、車掌の乗務を復活したアムステルダム市電だが、中間車だけが低床車である3車体連接車は、「セルフサービス方式」のままとして、どの扉でも乗降できるようにした。そのようにしなければ、ベビーカーや足の不自由な人にとっては20年～30年前の高床車ば

図4-10　大きな車両でベビーカーもゆったり乗車（モンペリエ市電）

かりの乗車困難時代に逆戻りしてしまうからである。

　まさに、利便性か完全な運賃収受かの問題である。

4.2 「セルフサービス方式」採用の課題

4.2.1 公共交通の大切さの啓蒙

　「セルフサービス方式」の成立を担保したのは、鉄道線ですでに定着していた「下車駅までの正しい乗車券を所持して乗車する」という、市民の習慣（第2章の1.2参照）である。

　「下車駅までの……」であるから途中の駅までの乗車券で乗車して「乗り越し」するということはあり得ず、もし、乗り越しをすれば乗り越し区間は不正乗車と見なされる。

　チューリヒは、この習慣をバスと路面電車に応用して、それまでは乗務員が行っていた乗車券のチェックを、乗客のセルフサービスで行うことにしたのである。チューリヒのバスと路面電車の運賃は2ゾーン制であるから、乗客は券売機の標示を見て下車停留所までの正しい乗車券を購入して乗車する。ワンマン運転で運転士は運転に専念し乗車券のチェックはしない。下車する時も集札は無い。横着をすれば短区間の乗車券で遠くまで行けそうだが、チューリヒ市民は「下車駅までの正しい乗車券を……」の習慣を守ってそのようなことはしない。

　「セルフサービス方式」をわが国では「チケットチェックフリー方式」と呼ぶことがあるが、乗務員によるチェックに代わって乗客自身の「セルフチェック」、つまり、下車停留所までの正しい乗車券であることを自らがチェックする方式であり、決して「チケットチェックフリー方式」ではない。

この「下車駅までの正しい乗車券を所持して乗車する」という習慣の源泉は公共交通を大切にする思想であり、そのベースは公徳心と公共心である。公共交通は大切だ、ちゃんと運賃を払おうという考え方だ。

こうした公共交通を大切にする国では「セルフサービス方式」が成立する。

わが国では、鉄道線や新交通システムの駅は機械化が進み、乗車券の購入から改札、精算、集札まで乗客自らが行い係員の世話にはならない。これも確かに乗客のセルフサービスだ。

しかし、セルフサービスの中身が路面電車の場合とは異なる。

鉄道線の場合は、乗車券のチェックは改札機が行い無札乗車など不正乗車は改札機で物理的に阻止されるが、「セルフサービス方式」の路面電車の場合は、無札乗車を物理的に阻止できない。

わが国では、「無札者の乗車は物理的に阻止する必要がある」という考え方が強い。物理的に阻止しているのは、鉄道線では駅の改札機であり、路面電車では運転士である。

鉄道総合技術研究所は、「海外の信用乗車（筆者注。「セルフサービス方式」のこと）をそのまま日本で実現することは困難と考えられますが、日本でもシステムを工夫することでセルフサービスの運賃収受を実現できる可能性があります」と、「車載式自動改札機」（ドア＝遮断バー付き）を試作したことがある。

要は、路面電車の乗車扉に改札機を備えようという考えである。「運賃の捕脱防止用車載自動改札機」による「セルフサービス方式」という訳だが、無札判定から改札機ドア閉までの時間と改札機の処理能力、車両への設置スペースなど課題は多い。

第 4 章　理想の運賃収受方式を探る　*187*

トルコのイスタンブールでは、停留所（安全島）の入口に自動改札機を設け、さらに保安兼無札入場監視員を配置している。一般に、路面電車の停留所（安全島）は狭いから自動改札機の設置は難しく、また、安全島は路面から低くしかも四方が開放されていてどこからも出入りができるから、自動改札機の設置の効果は疑問だ。

確かに、「セルフサービス方式」は、不正乗車を物理的に阻止できない方式であり、不正乗車をゼロにはできない。しかし、運賃の完全収受にこだわっていてはいつまでも「旧世代型路面電車」のままだ。LRTの高い利便性を市民が享受するためには「セルフサービス方式」の採用は必要不可欠だ。

ヨーロッパから遠く離れたわが国民には「セルフサービス方式」の路面電車に乗車体験する機会が無く、また、路面電車が走り出してから1世紀以上にわたって乗務員が運賃を収受してきたわが国、ヨーロッパでの「セルフサービス方式」の採用を半世紀以上にわたって「対岸の火事」としてきたわが国で、「セルフサービス方式」を採用することは容易ではないだろう。

しかし、それだからと言って、最初から「海外の信用乗車（セルフサービス方式）をそのまま日本で実現することは困難と考えられます」と言い切るのはどうか。

まずは、「セルフサービス方式」採用の意義と必要性の十分な説明と周知が肝心だ。

自治体やLRT導入促進市民団体などが行う「次世代型路面電車」導入キャンペーン行事でのシンポジウムで、「アメリカの○○市の路面電車は都心部は無料で乗車できるから、横に動くエレ

ベーターのように手軽に利用できて、街の人通りが多くなり、かつてのシャッター通りに賑わいが戻った」などと、路面電車の本質に無関係な情緒的な事柄を並べ立てるから混乱が生じる。

諸外国に活躍する路面電車 LRT の真の姿を説明し、それが成立する源泉は「セルフサービス方式」の採用にあること、「セルフサービス方式」に市民が協力していることを、正面からしっかりと市民に説明する必要がある。

「セルフサービス方式」採用の意義と必要性の理解の前段には、公共交通の大切さを啓蒙する必要がある。「私はマイカーを使うから路面電車は要らない」というのでは話が進まない。

公共交通は、交通弱者のためにも無くてはならないものであること、この都市の良好な環境を保つために必要なものであること、この都市の事業所の活動に必要な移動手段であることを説明する必要がある。

「セルフサービス方式」の採用によって運賃収入に漏れが生じた場合に、それを補填する財源措置の根拠（第 4 章の 2.5）を明確にする必要があることなどから、公共交通の大切さの啓蒙が重要である。

4.2.2　高雄市（台湾）の事例

第 4 章の 1.2 ②で述べたように 1980 年代の初めに「ヨーロッパの路面電車はタダ乗りができる」という情報がわが国にもたらされた。

最近の旅行ガイドブックには、公共交通の乗り方の解説も載っている。しかし、現地で路面電車に乗った人は、「運転士は運転

第4章　理想の運賃収受方式を探る　*189*

するだけで、乗車券を売ってくれない。だから、切符が買えなく
てそのままタダで乗った」という話を聞く。そして「あれでは大
赤字だろう。ちゃんと乗車券を買う正直者は馬鹿をみる。運転士
がチェックすれば公平なのに」と結論付ける。

　戦後に路面電車撤去を進めたフランスだったが、1985年のナ
ントを皮切りに続々と路面電車の復活と新設が相次いだ。どの都
市も当然ながら旧世代の路面電車を復活したのではなく、「セル
フサービス方式」の現代の路面電車を導入した。ドイツ、スイ
ス、ベルギーなど隣国のすべての路面電車が「セルフサービス方
式」がゆえに大活躍し、その利便性の高いことを実際に体験して
いる市民が多かったのであろう、「セルフサービス方式」の意義
と必要性を周知するまでも無く、すんなりと採用された。

　わが国で「セルフサービス方式」を採用するにあたっては、そ
の方式、意義と必要性を周知することが第一の課題である。

　わが国と同じ運賃収受方式をバスに採用している中華民国（台
湾）で、新設の路面電車に「セルフサービス方式」が初めて採用
される。2017年10月に第1期区間が開業の高雄LRT（高雄捷運
環状軽軌）である。「セルフサービス方式」採用の意義と必要性
の市民への周知について十分な検討と周到な準備がなされてお
り、大いに参考になる。

　高雄LRTは高雄市内の環状路線22.1kmで、第1期区間8.7km
のうち4.7km（停留所8か所）が2016年7月からプレ開業（無
料開放。運行時間7時〜21時。ラッシュ時10分、日中15分
ヘッド）した。車両は100%低床、5車体連接、長さ34.2m、定

図 4-11　高雄 LRT
（上）長さ 34m の大形車両と「セルフサービス方式」を採用。停留所間は架線レス。
（下）乗車券は IC カード。カードリーダは車内と停留所ホームに設置。

員 250（座席 64、満載 324）人、「セルフサービス方式」のワンマン運転である。車載のバッテリー電源で走行するために停留所間に架線は無く、停留所停車中にパンタグラフを上昇させ急速充

電する。

　高雄LRTの計画にあたっては、まず、ヨーロッパのLRTを調査した。その結果、所要の輸送計画の実現に必要な表定速度と輸送力を得るために、「セルフサービス方式」の運賃収受の採用を決め、ダイヤと車両の大きさ（単位輸送力）が定まった。

　次に、第1ステップとして、現代の路面電車・LRTの魅力を市民にPRするために、2004年に市内の公園に450mの軌道を敷設し、導入予定の大きさの電車（全長30.5mの100%低床車コンビーノ）をデモンストレーション走行させた。

　第2ステップとして、2016年7月、前述のように竣工した一部区間をプレ開業期間中に「セルフサービス方式」採用の意義と必要性の市民向けのキャンペーンを行った。

　このプレ開業の目的は、全体のバグ取りや係員の習熟はもちろんだが、実は「セルフサービス方式」の必要性と運賃の支払い方をキャンペーンすることが大きな目的だった。

　無料開放で乗車券不要だから当然だが、乗り降りはすべての扉で一斉に行う。乗降に要する時間は短く、乗った扉から降車できるから車内移動は不要だ。この利便性を市民に実感してもらって、正式開業後もこの利便性を乗客が享受するために、乗客自らがセルフサービスで運賃を支払う（停留所、車内にすでに設置してあるICカードリーダにICカードをタッチ）ごとに協力するという意識を醸成することがプレ開業の大きな目的なのだ。

　旧世代の路面電車しか走っていないわが国では市民はLRTの利便性や輸送力はイメージできない。高雄市のように、現物を見て乗って利便性を実感してもらうことは重要だ。

「セルフサービス方式」の意義と必要性の理解が深まれば、採用についての議論も採用後の運用もスムーズに行われることが期待される。

高雄 LRT の運賃収受革新への取組みは、大いに参考になる。

4.2.3　不正乗車の抑止
①乗客の相互監視

スイスのチューリヒで誕生した「セルフサービス方式」は、乗車前に乗車券の購入と消印を済ませるので、乗車してからは何もしなくてよい。

スイスはどの都市でもこの方式を採用した。電車の正面に「目玉マーク」を標示して、「セルフサービス方式」を採用した電車であることを示すとともに「正しい乗車券を持って乗車して下さい。不正乗車は誰かが見ているよ」と不正乗車を牽制した。

都市バスと路面電車に「セルフサービス方式」が普及した現在では、バスと路面電車からはこのマークの標示は無くなった。しかし、その後は今でも鉄道線の都市近郊区間の列車やポストバスには標示されており、「車内では乗車券を発売しない。正しい乗車券を買ってから乗車して下さい」という意味に使われている。

図 4-12　「セルフサービス方式」運行を表すスイスの目玉マーク

「セルフサービス方式」採用当初は路面電車と都市バスの前頭部に標示していたが、今はワンマン運転の鉄道線列車やポストバスに標示されている。

第4章　理想の運賃収受方式を探る　*193*

　スイスについで「セルフサービス方式」を導入した西ドイツ、オーストリアなどでは、不正乗車を乗客の相互監視で抑止することとした。

　乗客は、乗車したらただちに乗車券を車内に多数設置してある消印機（チケットキャンセラー）に挿入することとし、その挿入する「動作」と消印する時に発するチンという「音」で、自分は正当な乗客であることを周りの乗客にアピールして、周りの乗客がそれを認める、チンとやらない人は不正乗車であることが明らかになるという仕組みである。

　しかし、今日では、乗客の相互監視という仕組みは無くなってしまった。例えば定期券は所持しているだけでよい、24時間券は最初の乗車の時だけ消印すればよい、老人は無賃乗車ができる都市では身分証明書を携帯していればよい、ドイツなどではホテルが発行する滞在期間中有効な公共交通無料パスは携帯しているだけでよい、などと消印が必要ではない正当な乗客が多くなっている。これでは不正乗車客との区別がつかず、不正乗車を助長することになるように思われる。

　不正乗車の抑止策は、「セルフサービス方式」導入当初の西ドイツなどの「乗客の相互監視」が最も効果があり、かつ、万人が受け容れやすい方式であろう。

　つまり、現在のアムステルダムの方式、1回券であろうと24時間券や定期券であろうと、乗車時にカードをリーダにかざして「ピッ」、降車時にも必ずかざして「ピッピッ」とする。かざす動作と「ピッ」という音を乗客が相互に監視をする。これをしない人は不正乗車であることがはっきりする。この乗降時の「ピッ」

「ピッピッ」が最も実用的で違和感がなく、不正乗車の抑止効果も大きいと思われる。

図 4-13　ゴールドコースト市電
（上）ICカードリーダは停留所ホームに設置。乗る前に「タッチ!!」。
（下）海浜リゾート地だからか、抜き打ち改札は頻繁で厳しい。後ろ向きの女性が改札員。

②抜き打ち改札

　不正乗車を抑止するために諸外国では抜き打ち改札を実施し、無札乗車には所定運賃の数十倍もの割増運賃を徴収する。

　しかし、不正乗車が多いか少ないか、抜き打ち改札の頻度や割増運賃の額ではなく、社会全体の在り方やいわゆる民度、そして、国民の公徳心と公共心の高さに相関するのではないか。

　わが国では懲罰的損害賠償は不可とされているから、諸外国のような高額の割増運賃は徴収できないが、抜き打ち改札を確実に実施し、現行制度の2倍でよいから割増運賃を必ず徴収することが重要だ。そうすれば抑止力になる。

　抜き打ち改札の実施には、乗車中のすべての乗客が「運賃支払い済み」の証明が可能なことが前提である。ヨーロッパの「セルフサービス方式」も、アメリカのPOP（Proof-of-Payment）方式も、乗車券を発行している。扉脇に料金箱を設置してコインを投入して終わり、という、かつてのソビエトや東欧諸国で行われた「正直箱方式（さい銭箱方式)」という訳にはいかない。

4.2.4　「セルフサービス方式」を活かす運賃制度

　最初に「セルフサービス方式」を採用したチューリヒでは、乗り切り制の運賃ではなく2段階の距離制運賃を採用していたため、下車停留所までの正しい乗車券が購入できるように「下車停留所までの運賃」が分かりやすい色分けした路線図を券売機に標示した。

　均一制運賃だが乗換券を発行したり、運賃段階が複雑な区間制で乗換券の発行も行う都市では、ゾーン制への切り替えなど運賃

制度の簡素化を行った上で「セルフサービス方式」を採用した。

　不正乗車の抑止策としては、アムステルダムの方式、つまり、乗車時と降車時に乗車券を乗車券リーダにかざして「ピッ」「ピッピッ」と音を出す方式が最善であり、そのためには、券費の問題はあるが、全ての乗車券にIC乗車券を用いる必要がある。

　停留所には、目的停留所までの運賃を分かりやすく表示した券売機を備える必要がある。ただし、乗換客については、今は、ICカードの活用によって様々な設定ができるから、最初の乗車から一定時間有効の扱いで対応できる。

　問題は、鉄道線の場合も同じだが、1回券と現金客の扱いである。現金客は運転士が扱うのか扱わないのかという問題だ。

　全停留所への券売機の設置も実際には困難であるから、現金客は運転士が扱うこととするのが現実的であろう。ただし、サンフランシスコのF系統のように、現金客の行列ができて停車時間が長くなってしまっては、せっかく採用した「セルフサービス方式」の効果が割り引かれてしまう。そこで、現金客の運転士扱いを減らす方策、つまり、割安な4回券、24時間や48時間券、週間券や月間券を発行し、一方で運転士扱いの運賃は割高にするなどの方策を講じることが必要であろう。

　また、LRTはバス・アンド・ライドを実施することに意義があり、このためには運賃が連続することが当然だ。ゾーン運賃制や共通運賃制が必要になる。

　要は、「セルフサービス方式」に適した、そして、公共交通への転移を促すインセンティブを持った運賃制度にすることが肝要だ。

4.2.5 「受益者は誰か？」運賃収入の補填

　「セルフサービス方式」の採用によって、路面電車の利便性と機能は飛躍的に向上するが、不正乗車による運賃収入の漏れの可能性はゼロではない。

　しかし、「セルフサービス方式」の採用によって、路面電車の利便性と機能が飛躍的に向上した結果、路面電車の利用者が増え市街地へ流入する自動車が減って都市環境が改善され、マイカー流入対策に要する費用も軽減されることになる。

　この場合、受益者は路面電車利用者だけではなく、市民全体とそこに所在する事業所も受益者である。こうした考え方に基づけば、もし、運賃収入に漏れがあれば、その補填に税金を充てることに合理性があると判断できるであろう。

　また、公営公共交通はもちろん民営の公共交通にも、いわゆる「敬老パス」やバリアフリー化の費用の負担や補助が行われている。公共交通の大幅な利便性向上の実現方策（「セルフサービス方式」の採用）の、いわば副作用としての運賃収入の漏れが発生した場合には、公金による補填も可能ではないか。

4.3 「セルフサービス方式」は現代の路面電車の「核心」

　戦後、スイス、西ドイツ、オーストリア、オランダなどのヨーロッパ諸国は、①表定速度向上、②利便性向上、③輸送力向上、④乗務員の生産性向上の４つに一貫して取り組んだ結果、路面電車システムを中量輸送システム LRT に成長させた。

　これら①〜④の４つの取組みのすべてが、「セルフサービス方

式」の採用なしでは達成できない。

「セルフサービス方式」は、路面電車の近代化、LRT化にあたっての「核心」なのだ。

わが国では、車両の近代化、軌道の駅前広場への引き込み、乗車券のICカード化など、これら4つの取組みに関わることをそれなりに実施したが、「核心」を衝いていないためにすべてが中途半端のままで今日に至っている。

ICカード化は、確かに現金扱いより運賃収受の所要時間は短縮される。しかし、現在の運賃収受方式、つまり運転士が乗客一人一人ずつ順番に運賃収受する方式では短縮効果は僅少に過ぎない。現行の運賃収受方式を是としていては、路面電車(バスも)の明日は無い。「核心」を衝かなければ状況は変わらない。

わが国で唯一「核心」に手を着けようとしていた路面電車があったことは、わが国の路面電車史で特筆すべきことである。それは、ヨーロッパの路面電車を学んだ札幌市電であった。

「大形車両で大量輸送するには、運賃収受方式の改善が必要である」として「パッセンジャーフロー方式」を採用した。1964(昭和39)年のことだ。ところが、残念ながら、せっかくヨーロッパに学んで採用した「パッセンジャーフロー方式」は、この時すでに旧式になっており、この翌年にはスイスで「セルフサービス方式」の運用が始まった。

「パッセンジャーフロー方式」を採用した札幌市のこと、再びヨーロッパに学んで「セルフサービス方式」の採用、つまり、「核心」を衝く勢いは十分にあった。

しかし、そのころに風靡した路面電車邪魔者論と1966(昭和

41）年に決定した冬季オリンピック招致に挟撃され、路面電車先進国への仲間入りの夢は潰えてしまった。

その後は、わが国では、運賃収受方式の近代化には全く手が着けられていない。

今日のわが国の路面電車の実力はワンマン運転を開始した1954（昭和29）年から変化していない。

ヨーロッパで実際に路面電車を利用すると「速くて便利」を実感する。

街角の停留所で待つほども無くやってきた低床電車に最寄りの扉から乗り込み、乗車券をカードリーダにかざす。どの停留所でも停車時間は短く、交通信号で停車させられることも少なく、軌道敷に侵入し進路を邪魔する自動車もいない。全長40m余りもある長い路面電車はかなり混んでいるが、車内移動は不要で最寄りの扉から降りられるから便利だ。石畳の歩道に適した大き目の車輪の大きなベビーカーが4台も乗っていて、そのお母さん達の談笑が賑やかだ。

中心市街地には路面電車が走るだけで、バスもマイカーも入って来ない。市街地周辺の停留所で各方面からのバス、マイカー利用者が路面電車に乗り継ぐからだ。

その路面電車は、「五月雨をあつめて早し最上川」の「最上川」だから定員の多い大形車が投入されている。大きな路面電車でも乗り降りがスムーズで停車時間が短いのは運賃収受が「セルフサービス方式」であるからだ。

路面電車の近代化、LRT化には、「セルフサービス方式」が必

要不可欠だ。

「セルフサービス方式」の採用によって、「不便でノロい少量輸送システム」から脱皮できる。それと同時に、メンテナンスが容易な部分低床車（車両が大きければ部分高床車）の採用が可能となるという大きなオマケが付いてくる。

わが国で「セルフサービス方式」を採用するには、解決すべき課題は多い。ヨーロパでは、交通行政当局と路面電車事業者、そして市民の努力で解決してきた。

これは、単なる都市交通問題としてだけではなく、市民全体とそこに事業を営む事業所全体に関わる「街づくり」の観点から取り組めば必ず解決に至る。解決の方策は路面電車先進のヨーロッパに学べば良い。

あ と が き

　昭和の東京オリンピックの前年 1963（昭和 38）年の夏にスイスで開催された学生セミナーに参加しました。

　スイス航空の DC-6B 機は、羽田から南周りで 54 時間かけてスイス：チューリヒのクローテン空港へ到着。都心に向かうバスの窓から白と青の清楚な塗色の 2 両編成の路面電車が頻繁に行き交う光景を見て、長旅の疲れは吹っ飛んでしまいました。

　静粛で乗り心地の良く、併用軌道なのに自動車ドライバーの協力によって路面電車がスムーズにスピード走行し、工夫が凝らされた運賃収受方式（当時はパッセンジャーフロー方式）に乗客が協力して停車時分の短縮に努めていることに、スイスの文化水準の高さ、スイス市民の公徳心と公共心の高さに感動しました。

　以来、適時にヨーロッパに赴き路面電車の発展を見続けてきま

ストラスブール交通会社の技師と独立車輪・各輪駆動について議論する筆者（1995 年 9 月）

した。

　フランスのストラスブールに路面電車が復活し、あの素晴らしいデザインの「ユーロトラム」が走り出した翌年の1995年9月にストラスブール交通会社（CTS）を訪ねました。路面電車部門の技術マネジャーのジョルジュ・ミュラーさんと「ユーロトラム」の軸無し車輪・車輪個別駆動台車の走行安定性やフランジ摩耗について議論しました。（前出の写真）近年、低床車の車輪は軸無し車輪（独立車輪）から在来構造の軸あり車輪に回帰する傾向にあり、20年前のミュラーさんとの議論が懐かしく思い出されます。

　この時、ミュラーさんは、「日本からの視察者は多いが、皆さん貸切りバスかタクシーで来場し、パンフレットを見ながら説明を聞き、車庫で電車を見て、運行指令所を見学したらさっさと帰る。本当は営業中の電車に乗って市民の電車に対する反応を見てもらいたいのだが」と残念そうに言いました。市民の反応の観察だけでなく、運賃収受を自らが試してみないと本当の視察にはならないと思います。

　私が都市交通システムに興味を持つきっかけをつくってくださったのは、ヨーロッパの路面電車をこよなく愛した故・小林茂さん（元東武鉄道電気技術者）でした。低床車時代に入ってからのヨーロッパの路面電車の技術動向については、里田啓さん（元営団地下鉄車両部長）と曽根悟さん（現東大名誉教授）、望月旭さん（元国鉄車両局設計課長）にご教示いただきました。ありがとうございました。

　会社現役時代には、岐阜地区の架線電圧600Vの路面電車線と

鉄道線の合計 36.6km の収支改善をめざして、全職種を網羅した独立部署・岐阜運輸部を立ち上げ、筆者が部署長となって、近代化と活性化に取り組みました。

しかし、自動車の軌道敷内通行可はそのまま、停留所の安全島設置は不許可のままで、お客様の減少は止まらず、2005（平成17）年に廃線に至りました。

1975 年の沖縄海洋博に新交通システムが登場し、これからの都市交通の担い手として期待されました。一方、路面電車は「ノロくて輸送力が小さい」から将来性はないと思われていました。当時のわが国では、わが国での路面電車の実力を正しく捉えていたのです。

ところが近年は、このことを忘れたかのように、「ヨーロッパのような、LRT 次世代型路面電車による街づくり」の構想や計画が盛んに打ち出されています。こうした構想や計画には、路面電車をヨーロッパのように活用するための条件、つまり、「運賃収受方式の革新」という条件が欠落しています。

市民が路面電車の利便性を謳歌すると同時に利便性の維持に協力・努力している国、路面電車は旧式な乗り物で道路交通の円滑な流れを阻害するだけと考える国、この差はどこから生じたのでしょうか。約半世紀前にスイスで案出された「セルフサービス方式」を採用した国、採用すべきかどうかの検討すらしなかった国、その違いはどこから来たのでしょうか。

利便性の高い公共交通を手に入れたい、そのためにはセルフサービスに協力するという市民の熱い心、それに応える努力を惜しまない路面電車事業者、そして、これらの努力を支援しリード

する行政の力、ヨーロッパ諸国ではこれらすべてがバランスよく協働した結果、LRT は誕生しました。

　ヨーロッパでは当たり前の現状の路面電車、わが国で言う「次世代型路面電車」がわが国に一つでも現れて、利便性と機能の高さを実証すれば、わが国の路面電車は一気に本当の近代化が進むものと思います。本書が、その一助となることを願って止みません。

　最後になりましたが、この本をお読みくださった皆様、出版にあたりお世話になった成山堂書店の編集チームの方々に感謝申し上げます。ありがとうございました。

2017 年 10 月

柚原　誠

参考文献

1) 「路面電車の改良について」宮本政幸，『交通技術』1954 年 10～12 月号，交通協力会

2) 「外国の路面電車」小林茂，『世界の鉄道 1964 年版』，朝日新聞社，1963 年

3) 「躍進する札幌市電」柚原誠，『鉄道ピクトリアル』1965 年 8 月号，(株)電気車研究会

4) 「躍進する西ドイツの路面電車」小林茂，『鉄道ピクトリアル』1968 年 7～12 月号，(株)電気車研究会

5) 「発展するヨーロッパの路面電車」柚原誠・清水武・藤野政明，『中部圏開発』No. 19，(社)中部開発センター，1972 年

6) 「新時代の路面電車」柚原誠・清水武・藤野政明，『世界の鉄道 1973 版』，朝日新聞社，1972 年

7) 「いま望まれる路面電車の再評価」柚原誠，『JREA』1976 年 8 月号，(社)日本鉄道技術協会

8) 「海外の路面電車情勢」柚原誠，『鉄道ジャーナル』1980 年 10 月号，鉄道ジャーナル社

9) 「アジアで最初の LRT／香港軽便鉄路を見る」柚原誠，『JREA』1995 年 7 月号，(社)日本鉄道技術協会

10) 「ヨーロッパの路面電車の　きのう・きょう」柚原誠，『新都市』1998 年 2 月号，(財)都市計画協会

11) 「低床式ライトレール車両」柚原誠，『電気学会誌』1999 年 3 月号，(社)電気学会

12) 「岐阜線　未完のまま消えた LRT」柚原誠，『鉄道ピクトリアル』2006 年 1 月号，(株)電気車研究会

13) 「LRT と LRV の昨日・今日・明日」里田啓，『鉄道車両輸出組合報』No. 224～226，日本鉄道車両輸出組合（現，鉄道システム輸出組合），2005～2006 年

14) 『LRT 次世代型路面電車とまちづくり』宇都宮清人・服部重敬，成山堂書店，2010 年

15) 「都市路面公共交通（路面電車，バス）活用の課題」柚原誠『運輸と経済』2013 年 4 月号，(一社)運輸調査局

16) 『鉄道車両と技術』各号，レールアンドテック出版

17) 『鉄道ジャーナル』各号，鉄道ジャーナル社

18) 『鉄道ピクトリアル』各号，（株）電気車研究会

19) 『鉄道統計年報』国土交通省

20) 「modern TRAMWAY review」L. Joyce 著，IAN ALLAN 社，イギリス，1964 年

21) 「EUROPE'S GREATEST TRAMWAY NETWORK」F. VAN DER GRAGT 著，E. J. Brill 社，オランダ，1968 年

22) 「80 Jahre Zuricher Strassenbahnen」Waiter Trub 著，Eisenbahn-Amateur，1968 年，スイス

23) 「Chronik der Strassenbahn」P. H PRASUHN 著，M.&H. SCHAPER VERLAG 社，ドイツ 1969 年

24) 「Stadttische Strassenbahn Bern」Claude Jeanmaire 著，Verlag Eisenbahn 社，スイス，1969 年

25) 「Strassenbahnen in Deutschland」Dicter Waltking 著，Alba 社，ドイツ，1969 年

26) 「modern strassenbahnen」F. van der Gragt 著，Alba 社，ドイツ，1973 年

27) 「Basler Verkehrs-Betriebe (BVB)」Claude Jeanmaire 著，Verlag Eisenbahn 社，スイス，1984 年

28) 「THE PCC CAR」Seymour Kashin・Harre Demoro 共著，Interurban Press 社，アメリカ，1986 年

29) 「L'Annee du Tram」Georges Muller 著，Ronald Hirle 社，1994 年，フランス

30) 「m-t-r-o-b-u-s-u」Pascal GODON・Charles CRESPOLINI 共著，Le vie du Rail 社，フランス，1995 年

31) 「TRAMMATERIEEL IN NEDERLAND EN BELGIE」F. van der Gragt 著，De Alk 社，オランダ，1996 年

32) 「Railway in Switzerland」Dr. Rolf Gutzwiller ほかの共著，東大に開設の「交通システム寄付講座」がスイスの鉄道専門家 4 人を招聘して曽根悟教授主催により国内各地で開催した講演会の資料，1996 年

33) 「Light Rail Transit Systems in Switzerland」Horst Schaffer 著，東大曽根悟教授による「International Workshop on New Urban Design by introducing Light Rail Transit System」での Horst Schaffer 氏の東京における講演会資料，1997 年

34) 「Strassenbahn Fahrzeuge Band 1,2」Martin Pabst 著，GeraMond 社，

1998・2000 年

35)「STADTBAHNEN IN DEUTSCHLAND」Verband Deutscher Verkehr-unternehmen 編, 2000 年

36)「Trams in der Schweiz」Ralph Bernet 著, GeraMond 社, スイス, 2000 年

37)「Le tramway a Paris et en ile-de-France」Jean Tricoire 著, La vie du Rail 社, フランス, 2006 年

38)「Amsterdam trams From horse car to Combino」Ray Deacon 著, LRTA（Light Rail Transit Association）, イギリス, 2013 年

39)「Modern Tramway and LIGHT RAILWAY REVIEW」各号, LRTE（Light Railway Transport League）, イギリス

40)「Modern Tramway and RAPID TRANSIT REVIEW」各号, 同上

41)「Modern Tramway and Light Rail Transit」各号, LRTA（Light Rail Transit Association）, イギリス

42)「THE INTERNATIONAL LIGHT RAIL MAGAZINE TRAMWAYS & URBAN TRANSIT」各号, 同上

43)「Stadtverkehr」各号, EK-Verlag 社, ドイツ

索　引

和文索引

〔あ行〕

新しい路面電車システム ……………… 1
アデレード ……………………………… 69
アムステルダム ……………… 22, 65, 160
アントワープ …………………………… 48
一斉乗降 ………………………… 156, 176
移動式運賃収受装置 ………………… 146
宇都宮ライトレール ………………… 168
運賃収受システム改善 ……………… 177
運賃収受方式 …………………… 13, 16
えちぜん鉄道 …………………… 55, 152
エッセン ………………………… 46, 51
LRT 次世代型路面電車 ……………… 17
LRT の特徴 …………………………… 16
LRT の輸送特性 ……………………… 17
大形高性能路面電車 ………………… 39
オスロ …………………………………… 79

〔か行〕

街路の袋小路化 ………………………… 91
カッセル ………………………… 54, 56
カールスルーエ・モデル …………… 54
軌道建設規程 …………………………… 12
軌道敷内通行可 ………………… 117, 142
軌道法 …………………………… 12, 128
キャンセラー方式 …………………… 170

旧世代型路面電車 ……………………… 13
旧態依然とした運賃収受方法 ……… 13
熊本市電 ………………………… 14, 127
グリーンムーバー …………… 130, 131
グリーンムーバーマックス …… 130, 135
グルノーブル …………………………… 68
クレルモンフェラン …………………… 89
グロスラウムワーゲン ………………… 39
軽快電車 ………………………… 10, 124
消印 ……………………………………… 29
消印機 …………………………… 29, 37
ケルン …………………………………… 48
現代の路面電車 ………………………… 3
券売機 …………………………………… 29
高額の割増運賃 ……………………… 194
公共交通の大切さの啓蒙 …………… 188
高速路面電車 …………………………… 12
交通信号の公共交通優先制御 ……… 45
小形車両の頻繁運転 ………… 109, 134
刻印機 …………………………………… 24
コブラ …………………………………… 73
ゴムタイヤトラム ……………… 81, 84
コンビーノ ………………… 71, 73, 130
コンビーノファミリー ……………… 130

〔さ行〕

さい銭箱方式 ………………………… 195
札幌市電 …………………… 24, 119, 123

札幌市における将来の都市交通計画
······················· 120

左右非対称 2 扉車················· 107, 111

サンディエゴ ······················· 9

シェフィールド ····················· 10

軸あり車輪························ 74, 80

次世代型路面電車··········· 10, 123, 149

次世代の軌道系交通システム ······· 14

シタディス ······················ 73, 82

GT 形····························· 70, 127

シティランナー ····················· 74

車載式自動改札機 ·················· 186

車掌乗務の復活 ···················· 160

車掌乗務の路面電車················ 157

車掌着座の乗客流動方式 ············ 20

車掌定位置乗務··············· 161, 164

車掌ブース ························· 162

車掌を省略する車両の構造、運転取扱い
······················· 178

車内移動 ··························· 25

車内移動というバリア ·············· 110

車両の大形化······················ 20

車両の小形化····················· 108

車輪摩耗の減少····················· 80

受益者 ···························· 196

シュタットバーン ··················· 46

ジュネーブ ······················ 27, 60

乗客自身がチェック ················· 26

乗客の相互監視········· 36, 37, 165, 193

小径車輪··························· 60

乗降時間短縮······················ 176

乗降扉指定 ···················· 161, 164

正直箱方式 ························· 195

乗車券消印機 ······················ 170

乗車券の IC カード化 ··············· 197

乗務員の生産性向上 ················· 19

新交通システム VAL ················· 5

新市電 ···························· 10

新設軌道 ······················ 139, 155

信用乗車方式 ······················ 16, 36

スイングドア ······················ 162

スーパー市電 ······················ 10

スツットガルト ····················· 48

ストラスブール ·········· 4, 73, 85, 90

セルフサービス　ガスステーション
······················· 37

セルフサービス方式
····· 29, 33, 37, 137, 155

セルフチェック ···················· 185

セルフレジ ························· 37

全扉一斉乗降 ················· 123, 155

セントラム ························· 14

専用軌道 ······················ 139, 155

増運賃 ···························· 29

走行空間の確保················· 39, 44

走行安定性 ························· 78

〔た行〕

高雄 LRT···················· 11, 189

高雄捷運環状軽軌 ·················· 11

正しい乗車券······················ 26

タンゴ ···························· 75

チェックの省略……………………26
地下鉄…………………………45
チケットキャンセラー方式……37, 170
チケットキャンセリングマシン……170
チケットチェックフリー方式……185
チューリヒ…………………21, 30, 73
中量輸送システム……………19, 157
長大組成の路面電車……………82
直通運転………………39, 53, 55
チンチン電車…………………13
停車時間の短縮………………23
低床式車両……………………15
低床車のトレンド………………80
低床車両………………………60
鉄道線への直通運転……………52
デュヴァクカー………………23, 39
DUWAG 社……………………39
デュッセルドルフ……23, 41, 42, 73
電気自動車……………………15
電磁吸着ブレーキ……………128
電車優先信号システム…………145
東急玉川線 200 形……………125
東京都電荒川線……………82, 139
東京都電 5501 号………………103
道路交通法第 21 条……………117
独立車輪……………………68
都市改造………………………4
都市間電気鉄道…………………1
都市空間の利用の再配分……90, 94
都市鉄道………………………11
富山都心線……………………14

富山ライトレール……14, 71, 139, 147
トラックブレーキ………………128
トラフィック・サーキュレーション
………………………………91
トラフィック・ゾーンシステム……91
トラム・トラン…………………58
トランジットモール……………50
トランスロール…………………88
ドレスデン……………………79

〔な行〕

名古屋市電……………………99, 110
名古屋鉄道……………………55, 117
ナンシー………………………88
ナント…………………………65, 84
ニーム…………………………86
日本標準………………………113
日本モデルの路面電車システム……181
抜き打ちの改札………………37, 194
燃料電池自動車………………15
ノーマンカー…………………26
ノルトハウゼン…………………55
のろい路面電車からはやい軽快電車へ
………………………………176

〔は行〕

パーク・アンド・バスライド………96
パーク・アンド・ライド……52, 82, 96
バーゼラント交通………………63, 76
バーゼル………………………64
バイパス道路…………………96

索引 *211*

ハイブリッド自動車……………………… *15*

ハイブリッド車両……………………… *54*

バス・アンド・ライド……… *52, 82, 96*

パッセンジャーフロー方式…………… *20*

パリ都市圏………………………………… *7*

ハンブルグ……………………………… *41*

PCC カー……………… *43, 100, 103, 107*

非常減速度…………………………… *128*

100％低床車……………………………… *70*

表定速度………………………………… *19*

表定速度の向上……………………… *23*

表定速度を上げる方法…………… *176*

広島電鉄………………… *55, 129, 139*

頻繁運転……………………………… *109*

福井鉄道………… *55, 71, 132, 139, 150*

フクラム…………………………… *151*

不正乗車の抑止……………………… *37*

部分高床車…………… *70, 77, 80, 199*

部分低床車……………………… *60, 80*

不便でノロい少量輸送システム…… *199*

ブラックプール…………………… *159*

フレキシティ・クラシック… *69, 79, 80*

プレ・メトロ……………………… *46*

ブレーメン…………………… *71, 79*

ブレーメンタイプ……………………… *70*

フローティング連接………… *28, 43*

フローティング連接車………… *27, 28*

PAY ENTER 方式……………………… *102*

併用軌道………………………………… *12*

ヘルシンキ…………………… *77, 80*

ボギーする台車…………… *78, 80*

ポツダム…………………………… *72, 130*

POP エリア……………………………… *38*

POP 方式……………………………… *195*

本格的な低床路面電車……………… *60*

（香港）LRT …………………………… *10*

（香港）軽便鉄路………………………… *10*

〔ま行・や行〕

街づくり…………………………………… *4*

無音電車……………………… *99, 103, 106*

無札乗車……………………………… *158*

無札乗車抑止………………… *36, 165*

無札乗車抑制効果……………………… *37*

目玉マーク………………… *31, 35, 192*

メッス…………………………………… *86*

メトロ…………………………………… *81*

メルボルン………………… *78, 80, 157*

メンテナンス性………………………… *78*

孟子の性善説………………………… *36*

ユーロトラム…………………… *5, 92*

ヨーテボリ……………………………… *66*

〔ら行・わ行〕

ライトレールトランジット …………… *1*

リトルダンサー…………………… *133*

リトルダンサー X 形……………… *135*

リトルダンサー L 形……………… *137*

ルーアン……………………………… *85*

レトロでんしゃ館……………………… *99*

連結運転……………………………… *20*

連接車………………………………… *23*

連邦政府運輸省都市交通局 …………… 1

路下電車 ……………………… 45, 121

路面電車邪魔者論 …………… 122, 198

路面電車で街づくり ……………… 93

路面電車都市 ……………………… 85, 157

路面電車ネットワークを拡大 ……… 52

路面電車不要論 …………………… 116

路面電車レーンの設置 …………… 45

路面列車 …………………… 27, 29, 123

わが国初の信用乗車方式 ………… 148

和製 PCC カー …………………… 103

ワンマン運転 …………… 13, 19, 110

ワンマン路面列車 ………………… 31

欧文索引

Autoservicio ………………………… 33

BLT ………………………………… 63

BRT ……………………………… 84, 85

Bus Rapid Transit ………………… 85

Busway …………………………… 85

DLR ………………………………… 3

Dockland Light Railway ………… 3

FahkartenEntweiter ……………… 37

Frequent service ………………… 109

Honor system …………………… 38

inter urban ………………………… 1

light rail …………………………… 1

Light Rail Transit ………………… 1

Light Rail Vihecle ……………… 15

light railway ……………………… 2

LRT ………………………………… 1

LRV ……………………………… 15

POP system ……………………… 38

Proof-of-Payment ……………… 38, 195

RER ……………………………… 81

S-Bahn ………………………… 49, 53

Schnel-Strassenbahn ……………… 11

Selbstbedienung ………………… 29, 33

Self-Service ……………………… 33

Stadtbahn ……………………… 11, 46

streetcar …………………………… 1

Super tram ……………………… 10

ticket canceller ………………… 37

ticket cancelling machine ……… 37

tram bus ………………………… 86

Tram-Train ……………………… 58

tramway …………………………… 2

trolly ……………………………… 1

TVR ……………………………… 88

U-Bahn ……………… 11, 45, 49, 121

UMTA ……………………………… 1

U-Strassenbahn ………………… 45, 121

U.S. Urban Mass Transit Association …… 1

「交通ブックス」の刊行にあたって

　私たちの生活の中で交通は、大昔から人や物の移動手段として、重要な地位を占めてきました。交通の発達の歴史が即人類の発達の歴史であるともいえます。交通の発達によって人々の交流が深まり、産業が飛躍的に発展し、文化が地球規模で花開くようになっています。

　交通は長い歴史を持っていますが、特にこの200年の間に著しく発達し、新しい交通手段も次々に登場しています。今や私たちの生活にとって、電気や水道が不可欠であるのと同様に、鉄道やバス、船舶、航空機といった交通機関は、必要欠くべからざるものになっています。

　公益財団法人交通研究協会では、このように私たちの生活と深い関わりを持つ交通について少しでも理解を深めていただくために、陸海空のあらゆる分野からテーマを選び、「交通ブックス」として、さしあたり全100巻のシリーズを、(株)成山堂書店を発売元として刊行することにしました。

　このシリーズは、高校生や大学生や一般の人に、歴史、文学、技術などの領域を問わず、さまざまな交通に関する知識や情報をわかりやすく提供することを目指しています。このため、専門家だけでなく、広くアマチュアの方までを含めて、それぞれのテーマについて最も適任と思われる方々に執筆をお願いしました。テーマによっては少し専門的な内容のものもありますが、できるだけかみくだいた表現をとり、豊富に写真や図を入れましたので、予備知識のない人にも興味を持っていただけるものと思います。

　本シリーズによって、ひとりでも多くの人が交通のことについて理解を深めてくだされば幸いです。

公益財団法人　交通研究協会

理事長　住　田　親　治

「交通ブックス」企画編集委員

委員長　住田　正二（元東日本旅客鉄道(株)社長）

　　　　住田　親治（交通研究協会理事長）

　　　　加藤　書久（交通研究協会会長）

　　　　青木　栄一（東京学芸大学名誉教授）

　　　　安達　裕之（日本海事史学会会長）

　　　　佐藤　芳彦（(株)サトーレイルウェイリサーチ代表取締役）

　　　　野間　　恒（海事史家）

　　　　橋本　昌史（前航空科学博物館理事長）

　　　　平田　正治（航空評論家・元航空管制官）

　　　　小川　典子（成山堂書店社長）

（平成 29 年 6 月）

著者略歴

柚原　誠（ゆはら　まこと）

1943 年生まれ。
岐阜大学工学部卒業。名古屋鉄道(株)入社。技術研究所で鉄軌道車両の軽量化等の研究開発を担当。車両課長、鳴海工場長等に就き鉄軌道車両の新造、改造、保守業務に従事。その後、運転保安部長、交通事業（のちの鉄道事業）本部副本部長、岐阜運輸部長（兼務）を経て、代表取締役副社長・鉄道事業本部長・安全統括管理者。2009 年退任。この間に、「人に優しい次世代ライトレール・システムの開発研究に関する検討会」（運輸省からの研究委託によって 1996〜1997 年度に(社)日本鉄道車両機械技術協会に設置）に委員として参画。技術士(機械部門)

交通ブックス 127

路面電車—運賃 収 受が成功のカギとなる!?—　定価はカバーに表示してあります。

平成 29 年 12 月 18 日	初版発行	
著　者	柚原　誠	
発行者	公益財団法人交通研究協会	
	理事長　住田親治	
印　刷	三美印刷株式会社	
製　本	株式会社難波製本	

発売元　株式会社 成 山 堂 書 店

〒160-0012　東京都新宿区南元町 4 番 51　成山堂ビル

TEL：03(3357)5861　　FAX：03(3357)5867

URL　http://www.seizando.co.jp

落丁・乱丁本はお取り換えいたしますので、小社営業チーム宛にお送り下さい。

©2017　Makoto Yuhara
Printed in Japan　　　　　　　　　ISBN978-4-425-76261-3

成山堂書店の鉄道書籍 わかりやすい！交通ブックスシリーズ

108 やさしい鉄道の法規
和久田 康雄 著 —JRと私鉄の実例—
四六判・218頁・定価 本体1500円

116 列車ダイヤと運行管理 (2訂版)
列車ダイヤ研究会　編著
四六判・230頁・定価 本体1800円

117 蒸気機関車の技術史
斎藤 晃 著
四六判・244頁・定価 本体1600円

118 電車のはなし —誕生から最新技術まで—
宮田 道一・守谷 之男 著
四六判・272頁・定価 本体1800円

119 LRT —次世代型路面電車とまちづくり—
宇都宮 浄人・服部 重敬 著
四六判・240頁・定価本体1800円

120 進化する東京駅
野崎 哲夫 著 —街づくりからエキナカ開発まで—
四六判・224頁・定価 本体1600円

121 日本の内燃動車
湯口 徹 著
四六判・200頁・定価 本体1800円

122 弾丸列車計画
地田 信也 著 —東海道新幹線につなぐ革新の構想と技術—
四六判・240頁・定価 本体1800円

123 ICカードと自動改札
椎橋 章夫 著
四六判・240頁・定価 本体1800円

126 海外鉄道プロジェクト
佐藤 芳彦 著 —技術輸出の現状と課題—
四六判・292頁・定価 本体1800円

124 電気機関車とディーゼル機関車
石田 周二・笠井 健次郎 著 (改訂版)
四六判・292頁・定価 本体1800円

※定価はすべて税別です。